初学者の建築講座

建築家が使うスケッチ手法

－自己表現・実現のためのスケッチ戦略－

川北 英 著
EI KAWAKITA

市ケ谷出版社

ま え が き

はじめにイメージありき

　建築は，法律や経済あるいは美学論などの積み重ねで成り立っているのですが，それらが完璧であっても，作品と呼ぶに足りるには独創的で個性的な発想・イメージが必要なことは皆さんも理解されていると思います。

　敷地を見た瞬間に，あるいは建築主との会話の中で，ふと浮かび上がるイメージ，そのような経験をされたことがあると思います。その鮮度のあるイメージを忘れないように記録する。そのスケッチを眺めながらまた新しいアイデアを展開してゆく。走り書きのようなラフなスケッチ，そこに添えられた短いコメント，創作活動の現場では，この様なスケッチが力を発揮します。

　スケッチをすることによって潜在化していたアイデアがクリアーになり，イメージが熟成してゆきます。自己のイメージを他人に理解してもらう，あるいは他人のアイデアを確かめるようなときに，スケッチが大きな役割を果たしてくれます。

　自己実現・自己表現の強力なツールとして，スケッチスキルを獲得し，作品作りに役立てたいものです。

　2023 年 1 月

川北　英

スケッチ練習を始めるに当たって

　この教科書は，美しいスケッチ画を描くことを目的としたものではありません。

　建築の創作活動に役に立つ，手段の一つとしてのスケッチ力を獲得するための教科書です。建築設計の様々な場面（0 ph〜4 ph）にわたって，イメージを見える化する，あるいは整理し次なる展開に持ってゆくための，ツールとしてのスケッチを学習することを目的としています。

　本書は，15 の Chapter から構成されています。鉛筆の削り方，構図の取り方，建築的要素以外の点景の描き方，バリエーションスケッチなどを解説しています。15 回の講義をイメージしていますが，講義の進み度合によっては，同じ Chapter を複数回するなどの選択もよいのではと思います。

　以下にその概要を説明します。

Chapter 1 **Chapter 2**	スケッチの基本的知識（鉛筆の削り方や設計プロセスの中のスケッチの種類など）を説明します。すでに描かれたスケッチを追体験します。
Chapter 3 **Chapter 4** **Chapter 5**	モノクロ写真やカラー写真といった 2 次元データを見ながら，スケッチの描き方を学びます。演習課題として構図の取り方，情報の絞り方を体験します。
Chapter 6 **Chapter 7**	Chapter 3〜5 のバリエーションとして，ディテールやインテリアの描き方を学習します。
Chapter 8 **Chapter 9**	スケッチの臨場感を深めるための人物・植栽などの点景を学習します。スケッチにとっては大切な要素で，これをマスターするとワンステップアップします。
Chapter 10 **Chapter 11** **Chapter 12**	スケッチのバリエーション展開の学習です。コピックなどの表現，和風建築の描き方など，スケッチの幅を広げます。
Chapter 14 **Chapter 15**	学習してきたスケッチを使ってのレポート作成を演習します。写真や文章を交えてのレポート作成の体験です。

　Chapter 1〜5 までがスケッチの初級編，Chapter 6〜9 までがスケッチの中級編，Chapter 10〜15 までが上級編という構成になっています。講義の進み具合，学生の習熟レベルで Chapter の進め方を工夫されることを考慮ください。

目　　　次

Chapter 1　　ガイダンス1

Chapter 2　　ガイダンス2

Chapter 1
ガイダンス1

スケッチを始めるにあたって

― 道具としてスケッチを使う ―

　音楽家が新しい楽曲を作るとき，ギターやピアノを弾きながら五線譜に音符を書き入れてゆきます。彼らはそれを "スケッチする" といいます。ベートーベンは，完成した交響曲を演奏するたびにスケッチを繰り返し，編曲したといわれています。

　建築家も新しいプロジェクトを始めるにあたって，スケッチブックやコースターの裏側などに思いついた構想をスケッチし，詳細図を進めるときにも手摺りのおさまりなどをスケッチし，工事が始まれば家具の形や配置をスケッチします。

スケッチとは

- 自己のアイデアや構想を見える化して深度を深める道具　　`01-1`
- 自己のアイデアや構想を他人に理解してもらうための道具　　`01-2`
- 他人のアイデアを見える化するための道具　　`01-3`

　創造的行為には，必ずついて回るスケッチ。このスキルを獲得して自己のアイデアを実現してゆきたいものです。きれいな "絵" を描くことも大切ですが，スケッチという道具を使って自己実現したいものです。

スケッチの語源

　英語の sketch は，古代ギリシャ語 schema が語源といわれています（語源英和辞典より）。
古代ギリシャ語 skhema は，"断片的"，"即興的"，"概略的" というニュアンスが含まれてい
るといいます 。具象彫刻が多く作られたギリシャ時代に，その対極的位置付けの作品という
意味です。絵だけでなく，文章や楽曲にも用いられました。

Lesson 01 スケッチとは

01-1 自己のアイデアや構想を見える化して深度を深める道具

この場合のスケッチは，自己の中にあるもやもやしたものを表現することが目的です。**時には他人が見ても理解できないものでも構いません。**アイデアを確かめながら，スケッチで確認する作業といえます。したがって，未完成の部分スケッチや走り書きなどを交えたものになります。

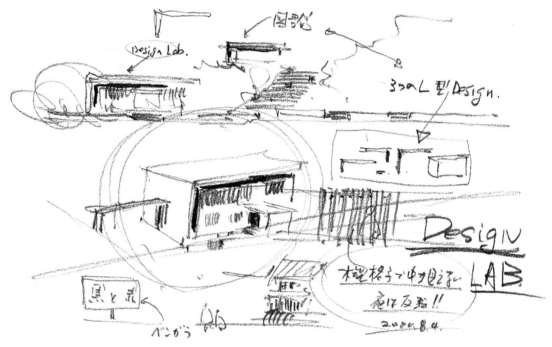

京都建築大学校 12 号館コンバージョンで作成されたスケッチ
1963 年に竣工した古い事務所ビルを新しく "Design Lab" としてコンバージョンした。
同じキャンパス内にある図書館のデザイン要素を今回のデザインに採用。古い庇をそのまま利用して，コストをかけないでキャンパスとしての統一性を確保した。

新しくなった "Design Lab"
外装は黒い壁面とし，木製格子を既存アルミサッシの前面に取り付け，京都らしさを演出した。黒と対比させる意味で弁柄色の赤を採用し，デザイン空間らしさを出した。

古い事務所ビル

01-2　自己のアイデアや構想を他人に理解してもらうための道具

　このスケッチの目的は，ある程度固まってきたアイデアを，クライアントや組織内のデザイン会議などでプレゼンテーションして**賛同を得ること**です。したがって，少し完成度を上げて**理解しやすい絵**にしています。

S本社ビルのプレゼン資料

これからの事務所として，女子従業員のロッカールームを充実させようという提案に使用された。

01-3　他人のアイデアを見える化するための道具

　クライアントとの打合せなどで出てくる**言葉の表現を，プロの建築家としてスケッチにして見える化**し，ディスカッションをスムーズにする道具となります。結果として，そのアイデアが考えていたほど建築空間に合うのか合わないのかなどを，確かめることができます。正確性より，即興性が重要になってきます。

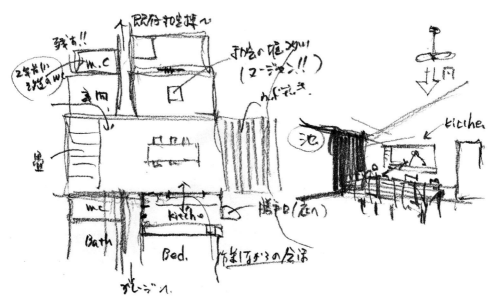

K邸の初期の頃に，クライアントと打合せを行った際のスケッチ

Lesson 02　スケッチのメリット

02-1　コンピューターとスケッチ

　コンピューターと手描きスケッチを比較しどちらの方がいいというのではなく，**それぞれの特徴をうまく利用**して，建築活動に利用するべきでしょう。

　一般的に，企画やデザインなどがまだ決まっていない**柔らかい状態では，手描きスケッチが有効**といえます。一方，よりリアルに**具体的に表現したい場合は，コンピューター画が適している**といえます。

　特に，アイデアなどを作りこむ段階では，描きながらどんどん変化してゆくといった場合が多く，**デザインの掘り下げにはスケッチが力を発揮**します。

　こころに浮かんだデザインや，会話の中で出てくるアイデアを，**細部にとらわれずにアドリブ的に表現することがスケッチの神髄**です。建築は，クライアントの同意がなければ実現できない芸術といわれます。浮かんだアイデアを絵にするスケッチスキルがなければ，建築にならないことも事実です。よく "私は絵の才能がない" という人がいますが，**スケッチは才能ではなく技術**です。パソコンと同じように練習してスキルを身につけましょう。

2階カフェテリアのラフスケッチ
K本社ビルのクライアントとの打合せの中で，会話しながら描いた。

K本社ビル外観

2階カフェテラス内観

S 社本社ビル，2 階セルフカフェのスケッチから実現までのプロセス

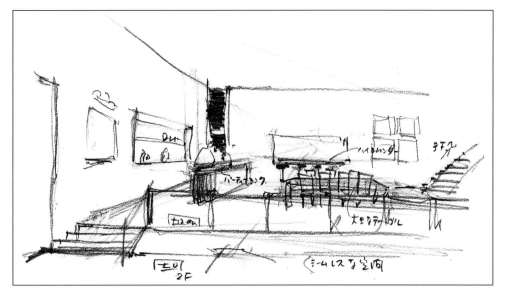

構想段階のエスキース

実施設計での 3D CAD

竣工写真

02-2　写真とスケッチ

― 情報を絞り込んでスケッチする ―

　旅行先では，気にいった風景や建築の写真をたくさん撮影します。一日当たり 1,000 枚を撮影することも珍しくありません。ところで，その写真の何枚を記憶しているかというと 5 ％ぐらいかもしれません。フィルム時代では，枚数が多くなるとフィルム代（特に ASA 400 は高価）がかさむというのでシャッターも慎重に押しましたが，デジタル時代ではそれを気にせずとりあえず押しておこうという気分での撮影が増えたように思います。筆者も，データ整理をしていて同じような写真が多いことに驚く時があります。

　下の写真は，ニューヨークのスタッテン島からのマンハッタンを撮影した写真です。

　近代的・現代的スカイスクレーパー，ウォーターフロントの風景，ハドソン川を行く船など様々な様子が記録されていますが，**これを写そうと思ったきっかけは何だったのか？**

　背景の高層ビル群に感動したのか，近現代の建築様式の対比に感動したのか，あるいは高層ビルの前の低層建築に感動したのか？現場での気持ちを忘れてしまいました。

　一方，スケッチをする場合は，**描く側の目線（どこに注目しているか）を絞って**描きます。すべてを同じ密度で描くのではなく，**描き手が感動したポイントに焦点を当てて**描きます。言い換えれば，焦点を当てていない情報は省くあるいはラフに表現します。そのことによって，**描き手の心象が表現**されているといえます。スケッチのポイントがそこにあります。

建築小話

　ニューヨークエンパイアステートビル（102 階，443 m）が竣工したのは 1931 年。工期は 12 か月，現在では考えられない短工期でした。ニューヨークの街そのものはこの前後 30 年間でほぼ完成したといいます。結果として，当時の最新様式のアールデコの街になりました。

　1980 年代にはポストモダンのビルが多く建設されましたが，街のインフラともいえる鉄橋や地下鉄の駅などには今も色濃くアールデコが残っています。

描く側の目線1　　ハドソン川に面したウォーターフロントの賑わいに注目

描く側の目線2　　1930年前後に建築されたアールデコの街に注目

02−3 設計プロセスの中のスケッチ

設計は，企画設計から始まってさまざまな Phase（段階）を経ながら進められてゆきます。

以下に設計プロセスの概略を説明します。これら各 ph にすべてスケッチが必要になります。また各 ph ごとにスケッチの目的や表現方法は異なります。

> 00 ph（企画）　　：敷地調査，クライアントの要望，法的制限などの建築条件確認
> 0 ph（企画設計）：建築用途・規模・スケジュール・予算などの企画内容の詰め
> 1 ph（基本計画）：法的チェックに基づく基本構想（イメージも含む）
> 　　　　　　　　　　※大概算見積（標準単価見積）
> 2 ph（実施設計）：基本構想をベースにした基本計画
> 　　　　　　　　　　（平面・立面計画，スケジュールなど）※粗概算見積
> 3 ph（詳細設計）：基本計画をもとに，詳細計画（素材やディテールの検討）※明細見積
> 4 ph（制作設計）：施工段階での施工図や FFE*などのスケッチ
> 5 ph　　　　　　：竣工図のまとめと資料のデータ化（社会資本としてのまとめと発表）

＊（FFE）Furniture・Fixfure・Equipment：家具・什器・備品などの内装関連工事。別途工事になる場合が多い。

これら各 ph に登場するスケッチを使い分けることが必要といえます。

＊詳しくは Chapter 3 にて解説

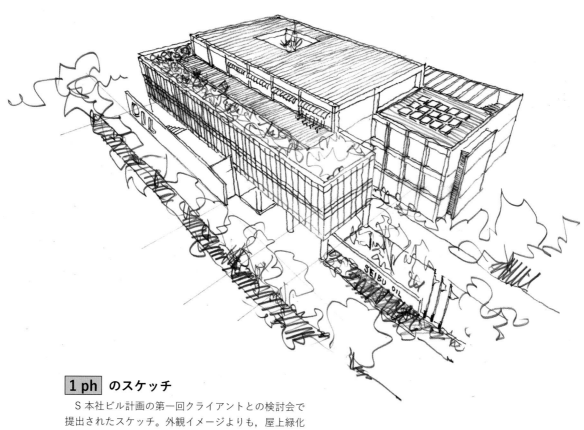

1 ph のスケッチ

　S 本社ビル計画の第一回クライアントとの検討会で提出されたスケッチ。外観イメージよりも，屋上緑化やソーラーパネルなどの環境配慮型の提案を前面に出して，大きな方向性を決定した。

0 ph のスケッチ

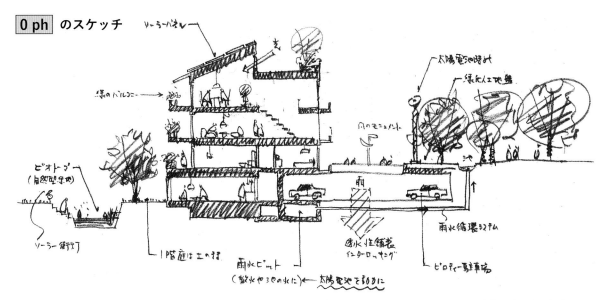

新しいプロジェクト発掘を目的としてエコ建築の考え方を提案した。

4 ph のスケッチ

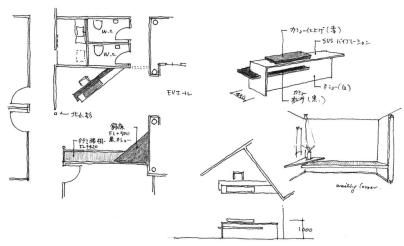

現場の進行につれて，別途工事となっている FFE などのインテリア家具の提案スケッチ

2 ph のスケッチ

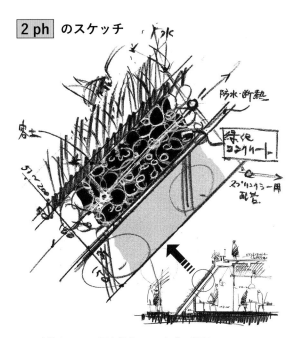

エコ建築として，屋上緑化のアイデア提案

4 ph のスケッチ

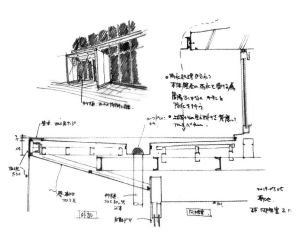

現場との打ち合わせの中でこちらのデザイン意図を具現化するための，風除室のディテール

Lesson 03　スケッチに使う道具たち（メディア）

スケッチに使用する鉛筆やパステルなどの筆記素材を，総称して**メディア**と呼びます。

デッサンに使う主な画材

＊デッサンは彫刻家や画家などが多用する描写
　木炭・コンテ
　パステル
　油コンテ
　太い鉛筆
　他

クロッキーに使う主な画材

＊クロッキーは建築家や漫画家などが多用する描写
　鉛筆
　色鉛筆
　サインペン
　インクペン
　他

複合画（ミクスメディア）に使用する主な画材

＊複合画はインテリアデザイナーやイラストレーターなどが多用する描写
デッサン・クロッキーに加えて用いられる画材
　コピック
　ダーマトグラフ
　ジェッソ，ガッシュ絵具
　色紙
　ペン・万年筆他

コンテ使用

コンテでラフに描いたイメージスケッチ
免震酒蔵としてのプレゼンテーションに使用された。

2B鉛筆使用

コルビジェ設計のサヴォア邸の屋上庭園。2Bの鉛筆で描かれている。

サインペンと水彩絵の具使用

サインペンと透明水彩で描かれたスケッチ。新宿ゴールデン街のイメージを描く。

Lesson 04　スケッチの分類

04-1　クロッキーとデッサン

　スケッチは，抽象画や具象画などいわゆる“本画”に対して，スケッチの語源にもあるように**"概略的"**，**"断片的"**，**"即興的"**というニュアンスで制作された絵画です。絵画の世界では，本画を描くためのエスキース的な位置づけが強く，彫刻家なども作品制作の前に膨大なスタディー絵画としてスケッチを描きます。素描と表現する場合もあります。

　スケッチは様々なスタイルがありますが，大別して『**デッサン**』と『**クロッキー**』に分類することができます。他に，クロッキーとデッサンを混合させるなどの表現もあります。

04-2　デッサン（Dessan）

　彫刻家や家具デザイナーなどが多く用いる手法です。立体表現はコンテなどを用いて面的に表現することが多い。

静物のデッサン

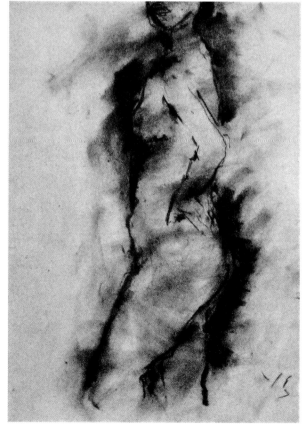

人物のデッサン

▐04-3▐ クロッキー（Croquis）

　建築家やアニメ・漫画などの作家などが多く用いる手法です。**基本的には立体表現などを線の集合体として表現します。** 本テキストでは，主にクロッキーに重点を置いて説明します。

ノミのクロッキー（6B 鉛筆）

椅子のクロッキー（B 鉛筆）
＊Y チェアー，ハンス・ヴェグナー

建築のクロッキー　MIT ステイタセンター　Ｆ・Ｏ・ゲーリー（2B 鉛筆）

Chapter 2
ガイダンス２

Lesson 01　鉛筆の選び方

　鉛筆は硬さによって線の細さ・太さや色に違いがあります。**スケッチ（クロッキー）は，線の集合体によって立体を表現するもの**です。下のスケッチでは約 1,000 本の線が引かれています。その一本一本をよく見ると，**どんな短い線も丁寧に強弱をつけている**ことがわかると思います。一見，荒々しく線を引いているように見えますが，**最後まできちっとフィニッシュした線の集合体**です。

ラ・ツーレット修道院の礼拝堂，内観スケッチ

　練習の初めは，**まずは 2 B の濃さの鉛筆から始めましょう**。練習をスタートして慣れてきた時点で，自分の個性・筆圧などによってより柔らかい 3 B あるいは少し硬い B や HB などを使用してください。H 等のあまり硬い鉛筆は，線の表現力が弱く難しく，高度な技術が必要となります（硬い線が適しているスケッチもあります）。

　シャープペンシルなどは筆圧を加えると折れやすく，線に強弱をつけにくいので練習には通常の鉛筆を使いましょう。

> **建築小話**
>
> **ラ・ツーレット修道院**
>
> 　1955 年竣工のリヨン市を一望する丘の上の教会。ロンシャン礼拝堂から 4 年後に完成した作品。『建築は光の下で繰り広げられる，巧みで正確で壮麗なボリュームの戯れである。』ここを訪れた時，ふとこの言葉を思い出す。現代音楽家ヤニス・クセナキスが，若き頃にこの作品に参画している。リズミカルな窓の格子の影が音楽を連想する。
>
> 　バッハはよく建築的な音楽家といわれるが，音楽的建築家はやはりリコルビジェかもしれない。

Lesson 02　美しい線を引くために

02-1　鉛筆の削り方　1

　鉛筆の芯の削りだしは，**カッターナイフを使うことをお勧めします**。もちろん，手動や電動の鉛筆削りを使うことは構いませんが，旅先でのスケッチやクライアントとの打合せ時などに対応できるように，カッターナイフでの練習も行っておきたいものです。

　鉛筆削りを利用する場合は，芯の削り角度が調整できるものが便利です。

60 度

30 度

カッターナイフは，30 度のような鋭い刃先は削りにくいので，60 度のものが便利。

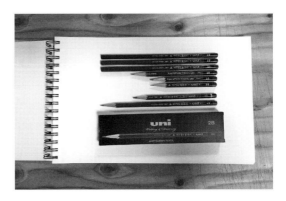

60 度カッターを使用。

鉛筆の角を薄く削る。

焦らず鉛筆を回しながら薄く削る。

芯が見えても薄く削る。

芯が 360 度見えるまで削る。

芯を少しずつ削る
尖らせすぎないように。

紙にこすりつけて整える
先はあまり尖らせないこと。

削り角度の同じものを
数本準備しましょう。

02-2　鉛筆の削り方　2

　鉛筆の芯には，線を引くときに様々な力がかかります。この筆圧の変化に対応できるように芯の削りだし角度を適正にします。角度が鋭角すぎると，強い線を引く場合に折れやすく，角度が鈍角すぎると減り方が早く，均一な線を引くことができません。

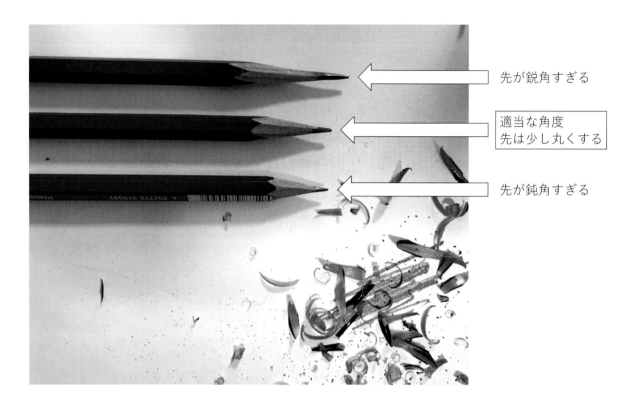

先が鋭角すぎる

適当な角度
先は少し丸くする

先が鈍角すぎる

02-3　線に表情を付ける

　スケッチの生命線は，一本・一本の線が表情豊かであることです。そのために，**一本の線の中で強弱をつけます**。毛筆で字を描くときのイメージです。

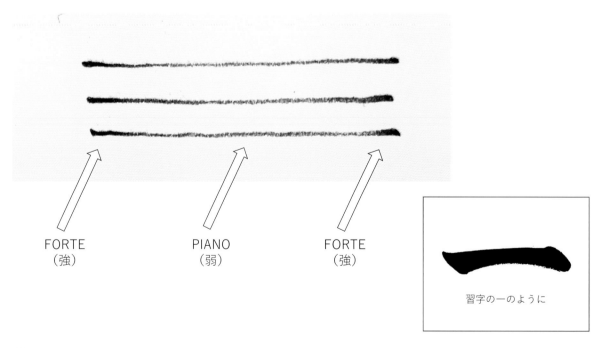

FORTE
（強）

PIANO
（弱）

FORTE
（強）

習字の一のように

02-4 紙面は凸凹

　紙面を顕微鏡で見ると，凸凹しています。製図用のケント紙などは滑らかなのですが，スケッチなどに使用する紙はタッチ（風合い）を出すために凸凹しています。鉛筆で線を描く場合，スピードが速すぎると凸部分だけしか線が引けないので，**ゆっくりと凹の谷の部分まで線を引きましょう。**弱い線も強い線もゆっくり引きます。

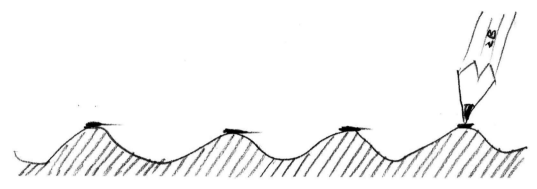

スピードが速いと，山のてっぺんだけにしかカーボンが乗らない。

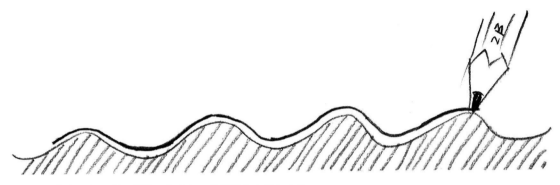

へこみの底までカーボンが乗っかると，表情豊かな線となる。

建築小話

　ピーターラビットの作者ビアトリクス・ポターが晩年過ごした湖水地方（イングランド）に位置するボローデル鉱山で，16世紀に良質の"黒鉛"（グラファイト）が発見されました。当時は，羽根ペンやガラスペンなどで筆記していましたが，この黒鉛を板状にした筆記用具が簡便で便利なことから，急速に広がりました。その後，粉状にして硫黄で固めたり，粘土で固めたりして改良がなされて今日に至っています。鉛筆の濃さは粘土と黒鉛の割合で調整しています。

02-5　線の引き方

　綺麗な線（均一な線）を引くためには，鉛筆と紙面の角度を一定に保つことが重要です。
そのためには，**手首を使わずに肘や肩を使って線を引くこと**を心がけてください。

　鉛筆をカッターナイフと思って線を引くイメージです。毛筆の習字や万年筆などでも，手首を使わずに描いているのですが，鉛筆の場合はついつい手首を動かしがちです。手首を使わないように意識して線を引く練習をしてください。

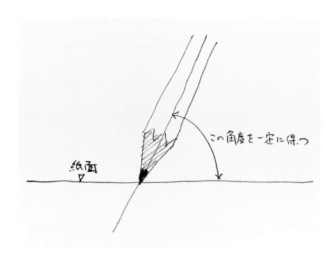

カッターで切るイメージ

建築小話

ステッドラー（STAEDTLER）

　製図やスケッチでは，ステッドラー社の鉛筆をよく使います。現在使用されている "黒鉛を芯にして木軸で棒状にした" 鉛筆を考案した会社（フリードリヒ・シュテッドラー）といわれています。1662 年頃の発明といわれますから，イギリスのボローデル地方での黒鉛の発見から約 100 年後です。

　黒鉛と粘土の混合比によって鉛筆の濃さの調整をしたのもこの企業です。ドイツの企業らしく "effect for ecology" をスローガンに，環境問題に取り組んでいます。木軸の鉛筆や色鉛筆にも，森林保護認証地の木材を使用しています。

Lesson 03　スケッチを戦略的に描く

視覚的・イメージ的にとらえている風景や建築などを描く前に，**紙面にどのような位置にどのような大きさで描くかを決めてから描く**とスケッチの構図が決まりやすいといえます。

Step 1　フレーミング

紙面に大まかに**枠取り**する。この場合，紙面いっぱいに描くのではなく四周にスペースを確保する。

Step 2　基準線設定

フレーム内に，スケッチの**基準線**を設定する。風景を描く場合は，グランドレベルが多い。

Step 3　インナーフレーム設定

風景をいくつかに分割して，枠取りを設定し，描く範囲を限定することによって，形をとりやすくする。

Step 4　スケッチスタート

1つのインナーフレームの中の対象物を完成させたら，次のフレームに移る。描くたびに，完成したフレーム内のスケッチを参照しながら，密度やタッチを確認し，全体の調和を図る。

Step 5 調整

すべてのフレームを描き終わったのち，全体の調子を追加訂正する。

最後に，フレームの線を消去する。

消去後に，フィキサティフ*などでカーボンを定着すること。

*フィキサティフ：カーボンや絵の具の定着液（スプレー）。定着後も，その上から線を引いたり，絵の具で彩色もできる。

完成したスケッチ
（清澄長屋の説明は p.42 参照）

Lesson 04　ウォーミングアップ

　アスリートが競技を始める前に，ルーティーンともいえるウォーミングアップをして，体を温めて競技に臨むように，**スケッチを始める前に線を引く練習を10分程度行う**と，美しい線が引くことができ，結果としてスケッチのクオリティーが上がります。スケッチ歴50年の私も実行していることです。

ウォーミングアップの方法

　最初に1cm程度の縦線を1mm間隔に，次に横線を引きます。次に，もう少し長い線（3cm程度）を引きます。遊び感覚で，強い線を10本，弱い線を10本等々引いてゆきます。（Forte Piano Forteの感覚を忘れないように）調子が出てきたら，□線を引きましょう。この時も，4本の線の集合体として描きます。Lの様な曲がった線ではありません。

　最後に，斜めの線も引きましょう。ここで重要なポイントは，手首を動かさずに，肘や肩で線を引くことです。

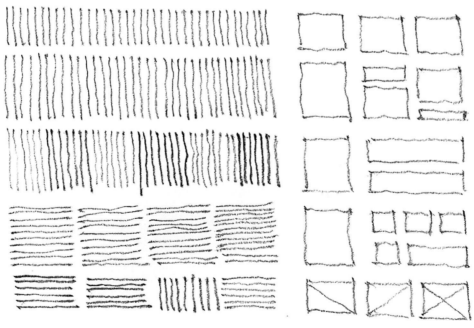

ウォーミングアップの例

Lesson 05　スケッチをスケッチする

　実際に見ている風景は，二つの目で対象物をとらえて**立体的な認識**をしています。また，色彩や様々な情報を同時に認識しています。スケッチの原点にあるように，概略を描くという意味から，**膨大な情報の中からシンプルな情報（描きたい要素）のみを抽出**し，3 次元で捉えている像を 2 次元の紙面に描くことは簡単ではありません。

　今回の練習は，すでにシンプルな情報に絞り込まれた 2 次元の画像（スケッチのこと）をそのまま描く練習をします。**情報の絞り方や表現の練習**になります。

1928 ビル
（旧大阪毎日新聞社京都支局）
設計　武田五一
京都市中京区三条通，1928 年竣工

正面から見た時をイメージして，ファサードをスケッチする。電線や人物なども省略した。

Lesson 06　演習課題：スケッチをスケッチする

　下のスケッチをそのまま描いてみましょう。

　Chapter 2・Lesson 03 にならって，フレーミング，基準線設定，インナーフレーム設定の順にスケッチをスタートしましょう。

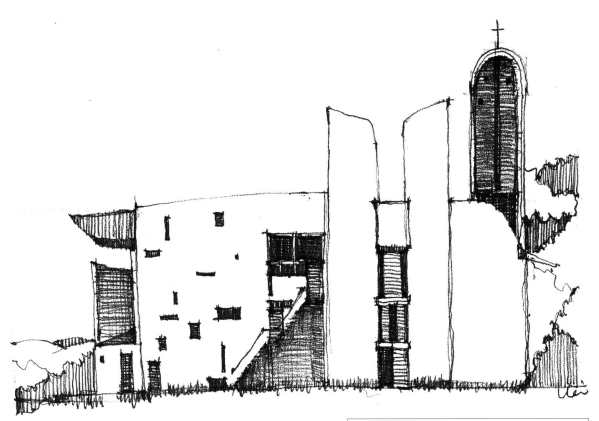

ロンシャン礼拝堂（側面）

　1955 年に竣工したル・コルビジェの晩年の作品。壁厚 3 メートルを超える重量感溢れる壁面と，シェル構造の屋根の軽い表情が不思議なメロディーを奏でる空間。元々この地には礼拝堂があったが，ナチス独軍の空爆で破壊されたものを再建した。"近代建築の 5 原則" から新しい時代へ踏み出したコルビジェの思想的展開を感じる作品。基礎コンクリートには破壊された礼拝堂のがれきが混入されている。平和を願う人々の気持ちを感じることができる。2016 年に世界遺産に登録される。パリから高速バスで 8 時間。

Chapter 3
素描 A

Lesson 01　スケッチの分類

01−1　粗描画と細密画の比較

　一般的に絵画の世界では，細密画＝本画を最終目的の作品と位置づけ，本画を描くためにスタディー画（エスキース画），あるいは素描を描くものと理解されています。

　一方，建築スケッチでは，**細部まで描く "細密画" と，イメージを強調する "素描"** に大別されます。絵画に例えるならば **"細密画" は具象絵画，"素描" は抽象絵画**あるいはイラストといえるかもしれません。コンセプトスケッチは，素描をさらに単純化したものといえます。

　それぞれの特徴とメリットを理解して，**ケースバイケースで使い分ける**ことによってスケッチを創作活動の道具として有効活用してください。

01−2　素描画について　― 自己表現 ―

　建築デザインを考えたり，クライアントの打合せ・社内打合せなどの各現場での潤滑油となるのが素描スケッチです。その主な目的は以下の通りです。

> 1.　もやもやとしたイメージを描きながら，**アイデアをまとめる**。
> 2.　クライアントなどのイメージを具体的にスケッチ表現して見える化する。
> 3.　組織内（設計部や現場など）の打合せの中で，リアルタイムでイメージを見える化し，**アイデアの深堀りの道具**とする。

　コンピューターでは基本的には原寸入力ですが，デザインの初期段階では決まっていない部分の方が多く，**"なんとなく" を許しながら具体化するのが素描スケッチ**の特徴といえます。

　既存建築などをスケッチする場合でも細部にとらわれずに，第一印象を大胆に強調して描きます。描くプロセスで，建築家の発想の原点を発掘・追体験することも可能といえます。

ALTO 夏の家

夏の家：設計アルヴァ＆エリッサ・アアルト，竣工 1954 年
　湖に向かって緩やかに傾斜する斜面地にへばりつくように配置された夏の家。生えている木々や景観を壊さないように建物も分節化され低く抑えられている。唯一，塀で囲われた中庭が人工的であり，ここで BBQ も行われたらしい。

建築小話
　ムーラッツァロの実験住宅ともいわれるアアルト一家のためのセカンドハウス。湖に面したところには木造のサウナもあります。サウナにつかり，湖に飛び込んで短い夏を楽しんだのでしょう。この村の役場（セイナッツァロ）はアアルトの設計。現在はアアルト美術館により管理され，見学が可能です。

01-3 細密画について ―風景のトレース―

　細密画は都市や単体の建築，あるいはディテール・家具等を**写実的に細部にまで表現しようとするスケッチ**です。建築の形だけでなく，煉瓦やステンレスなどの素材感あるいは建築の汚れや風化の状況などをできるだけ忠実に表現しようとするものです。その意味では，スマホなどの写真も同じといえるかもしれませんが，無意識に押して記録する写真との違いは，**自分の目で確認して理解し，キャンバスに描く**という行為が必要なことです。**100枚の写真より1枚のスケッチの方が記憶に残る**といわれるゆえんです。

　観察し描くプロセスの過程で，建築あるいは**建築家のデザイン意図が見えてくる**ことも細密画の効用といえます。

　建築教育の初めに名作の平面図をトレースします。トレースの過程で名作建築の隅々までなめるように追体験します。細密画も，同じように細部まで見つめてスケッチする。そこに，様々な発見があります。言葉を変えていうならば"風景のトレース"といってもよいかもしれません。

Fallingwater　House for Edgar J. Kaufman 1935.　　　　　　　　E.karakima.

> **落水荘（カウフマン邸）：設計フランク・ロイド・ライト，竣工1936年**
> 　混沌とした雑木林の中で，水平と垂直の線を交差させることによって，建築を自然の中から際立たせている。垂直線に自然石を採用したのは，白い水平線をより強調したいからだろう。垂直線は周辺の木立の中に埋没してしまいそうだ。そのことで，巨大建築が辛うじて自然と同化している。

> **建築小話**
> 　落水荘の中に入ると，部屋を間仕切る壁がほとんどないことにびっくりします。空間は家具を置くことによって機能が決定するように計画されています。さらに驚くことは，広さの割には天井高さが低いことです。2メートルを切った空間もあります。ライトはアメリカ人としては背が低く，そのためだという人もいますが（笑），ソファーに座った時に最も快適な天井高さにデザインされています。

Lesson 02　企画設計から現場設計まで

　Chapter 1 で説明したように設計の 00 ph〜5 ph の各段階では様々な形のスケッチが登場します。いずれも，イメージを見える化して，プレゼンテーションのテーブルに乗せて，議論を深めるためのものです。その場合，タイムリーにスケッチを作成し，会話を促進するツールとして利用しなければなりません。

　綺麗な完成した絵ではなく，スケッチを **"会話の言葉"** として使うべきです。

00 ph　企画提案等に使われるスケッチ

＊概念的なイメージスケッチ

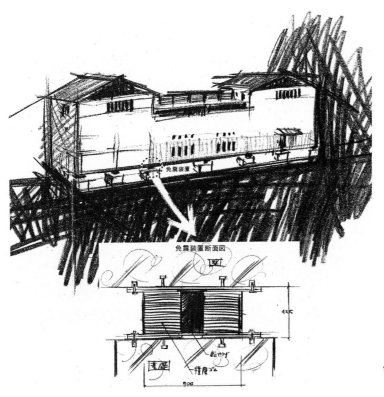

阪神淡路大震災時には，灘地域の酒蔵が倒壊したのを受けて，酒造蔵も免震にしようという提案スケッチ

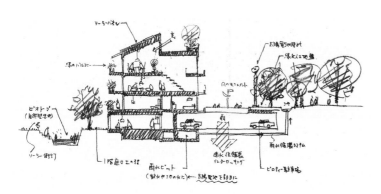

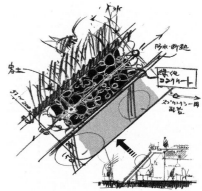

エコ建築の概念説明に使用された提案書の中から。

　敷地も建築用途も決まっていないときに提案されたもの。空想ではなく，ディテールも付け加えてリアリティーを演出。

`0・1ph`　敷地の現況調査とクライアントの希望の聞き取りなど

建築家側からの基本構想の提案。

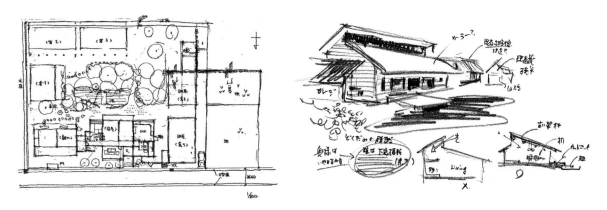

K 邸での実例。クライアントとの雑談や，奥
様との会話の中で，即興的に描いたスケッチ

`2 ph`　基本構想をベースにした基本計画

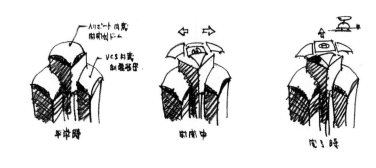

大まかなカタチなどがきめられてゆく過
程での，塔屋のカタチと技術的な可能性の検
討会議で提出されたスケッチ

`3・4ph`　詳細図制作や現場が進行した段階での追加提案等に使われたスケッチ

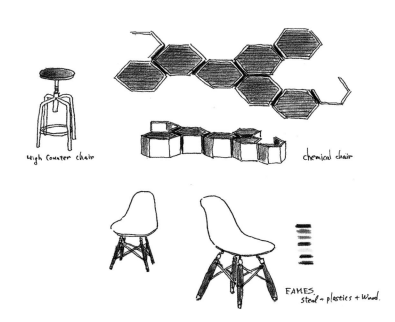

別途予算での FFE 計画を進める場面で提
案された国中家具と既製品家具についての
スケッチ

Lesson 03　スケッチスキルを磨く

03−1　楽しみながら描く

　Chapter 2 で，既にスケッチ化された絵をスケッチする練習をしました。繰り返し何度も練習して，描き方のスキルを向上させて下さい。枚数を重ねるにしたがって，スケッチらしく，また描くスピードも増してきます。描こうとするスケッチも，伝統的な風景や近代建築，あるいは "デコン建築" などの様々な作品を描きましょう。

　その中でも，まずは描きやすい構図を選んで描きます。この構図選びのコツは，最終目的の即興的スケッチにも通じる視線です。以下に構図の特徴を列挙します。

　スケッチ上達の近道は，好きな建築や風景を遊び感覚で描くことです。写真でも雑誌でも気になるものがあれば，スマホに保存する，あるいはレシートの裏にでも走り描きしましょう。

03−2　描きやすい構図

1.　正面性のあるファサード
2.　水平・垂直で構成されたデザインの建築あるいは風景
3.　地盤面が水平な建築や風景

青山スパイラル　設計：槇文彦　1985 年竣工

03-3 難しい構図

1. パースペクティブな構図
2. 曲線や斜めの線で構成されたデザイン
3. 坂になった地盤面に立つ建築や風景
4. 水面や芝生面といった均質な特徴のない風景

ロンドンミレニアムドーム

ドーバー海峡に面した坂の町
ドーバーの市街

MIT ステイタセンター
F・O ゲーリー設計

　脱構築主義（Deconstructivism, Deconstruction）は，モダニズム建築思想の行き詰まりの打開として始まったポストモダン運動の一部といわれる。1988 年にフィリップ・ジョンソン監修の下で MOMA で開催された『脱構築主義者の建築』展で一躍注目を浴びた。F・O ゲーリー，ザハ・ハディッド，ダニエル・リベスキンドなどその後の建築界を牽引する建築家たちの作品展であった。非ユークリッド幾何学，生物模倣等，表層と表皮の分離など，近代建築思想と一線を画する思想であり，それらの形態はコンピューターによって構造計算や施工が可能になったともいえる。

Lesson 04　モノクロ写真をスケッチする

　建築スケッチは，原則として一本の鉛筆で立体を表現します。その**表現の中に，自己の感性や価値観を挿入すること**が大切です。"光と影"，"素材感（エイジングなどの時間の経過）"，"場所の持つ文化性" などですが，いずれにしても建築としての基本である立体感が大切といえます。同時に，**鉛筆の描く濃淡によって，色彩などの違いなども予感させる**ような表現も可能です。練習の初めは，色彩という情報・要素を削除して描くと描きやすくなります。

広島原爆ドーム

　広島県物産陳列館として 1915 年（大正 4 年）に竣工。ネオバロックを基調としたゼセッションスタイルの建築だった。設計はチェコの建築家ヤン・レツル。1996 年に世界遺産に登録された。
　1949 年には周辺の平和公園計画のコンペが実施され，丹下健三氏の案が最優秀案として採用実施されて現在に至っている。

Step 1　フレーミング

　紙面に大まかに枠取りする。この場合，紙面いっぱいに描くのではなく四周にスペースを確保する。

Step 2　基準線設定

　フレーム内に，スケッチの基準線を設定する。風景を描く場合は，グランドレベルが多い。

Step 3　インナーフレーム設定

　風景をいくつかに分割して，枠取りを設定し，描く範囲を限定することによって，形をとりやすくする。

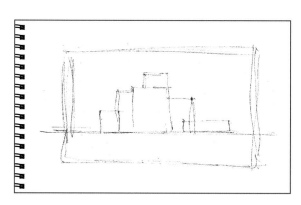

スケッチスタスタート

まず1つのインナーフレームの中の対象物を
完成させる。

次のフレームに移る。描くたびに完成したフ
レーム内のスケッチを参照しながら密度やタッ
チを確認し，全体の調和を図る。

Step 5 **完成**

壁面の素材感・陰影，周辺の要素（樹木・石垣・人物など）を追加記入して完成

1945年に投下された原爆によって破壊された原爆ドーム。爆風によって剥がれ落ちた様子を強調してスケッチ
した。周辺の高層ビルなどは描かず，象徴的にドームのみを描いた。

Lesson 05　演習課題：モノクロ写真をスケッチする

ソーク研究所を描いてみよう。

南カリフォルニアの光と影の対比。コンクリート打ち放しとチーク材の外壁

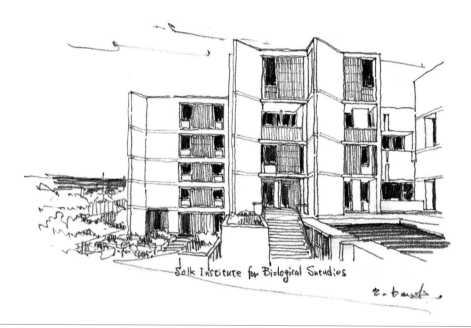

Solk Institute for Biological Sutudios

ソーク研究所

　アメリカ西海岸サンディエゴの郊外に位置する研究所。ポリオワクチンを開発した細菌学者ジョナス・ソークによって開設された（1966 年竣工）。ルイスカーンの "Servant Space-Served Space" という概念が建築になった作品。哲学的な作風のカーンにしては明るく開放的なのは，設計時に相談に乗っていたバラガンの影響があるのかもしれない。6 人の監督による 6 つの建築のオムニバス映画『もしも建築が話せたら』では，ロバート・レッドフォードが監督をして，この建築を解釈している。コンクリート打ち放し，チークの木製サッシ，床の大理石，その施工精度やおさまりも必見。

　『God is in the details.』を思い出す作品。この言葉はカーンの言葉として有名だが，ミース，ニーチェ，アインシュタイン，コルビジェなども使った言葉で，出所は不明。

Step 1 フレーミング

紙面に大まかに枠取りする。この場合，紙面いっぱいに描くのではなく四周にスペースを確保する。

Step 2 基準線設定

フレーム内に，スケッチの基準線を設定する。風景を描く場合は，グランドレベルが多い。

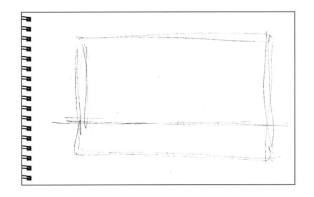

Step 3 インナーフレーム設定

風景をいくつかに分割して，枠取りを設定し，描く範囲を限定することによって，形をとりやすくする。

Step 4

焦点の位置をマーキングする。

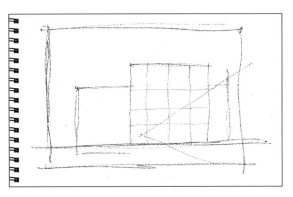

Step 5 スケッチスタスタート

まず1つのインナーフレームの中の対象物を完成させ，次のフレームに移る。描くたびにフレーム内のスケッチを参照しながら，密度やタッチを確認し，全体の調和を図る。

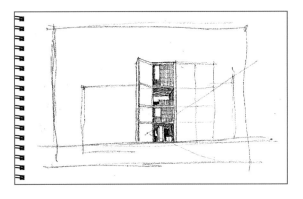

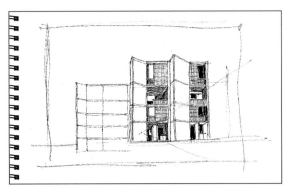

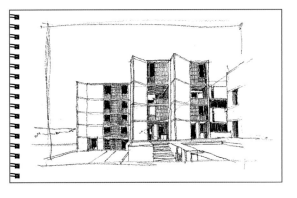

Chapter 4
素描 B

Lesson 01　カラー写真について

　Chapter 2 では "スケッチをスケッチする", Chapter 3 では "モノクロ写真をスケッチする" と徐々に情報量の多いシーンを描いてきました。これまでは，視覚に入るほぼすべての情報をスケッチする練習をしてきましたが，今回はカラー写真を題材に，**自己判断を加えながら情報をピックアップしてスケッチ**します。

　カラー写真には当然色彩という情報があふれていますが，その他に光と影のコントラスト，レンガや木材といった素材感等々，我々が自分の目で捉えているシーンがほぼすべて記録されています。これらの中から，**どの情報を切り取って表現するか**。いよいよ，**個人の感性で描く**，本来のスケッチに近づいたといえます。

　スケッチでは，**描きたいものだけを描く**のを主眼とします。反対に**描きたくないものは描きません**。例えば，電柱や駐車中の車両等々。**写真ではできない操作をしながら構図**を決めてゆきます。隣接する建物も描かない場合もあります。

清澄長屋
　1928 年に東京都（当時は東京市）が建てた店舗付き住宅。隣接する清澄庭園が関東大震災で被害を受け，その復興資金捻出のために庭園の一部に建設したもの。この時代を反映して "アールデコ" デザインになっている。同潤会もこの時代に建てられている。竣工して 90 年を過ぎ，建て替え計画が進んでいるが，残したい建築遺産だ。

鉛筆以外のメディアを混ぜて表現された "清澄長屋"
サインペン・鉛筆・透明水彩

タウン誌 "深川" に掲載

Lesson 02　写真撮影の注意事項

　描こうとする建築のカラー写真（2次元画像）を作成する場合，Chapter 3で指摘したように，まず，描きやすい構図の写真を準備します。自分で撮影した写真やネット上に掲載されている写真などを検索して選択してください。ネット上の写真の多くは，版権が発生しているので練習などに使用する場合以外は気を付けて使用してください。

　参考に建築の肖像権に関して以下の事項を参考にしてください。

> **著作権法　第46条 "公開の美術の著作物等の利用"**
>
> 　美術の著作物でその現作品が前条第二項に規定する屋外の場所に恒常的に設置しているもの又は建築の著作物は，**次にあげる場合を除き**，いずれの方法によるかを問わず，利用することができる。
> 1. 彫刻を増製し，またはその増製物の譲渡により公衆に提供する場合
> 2. 建築の著作物を建築により複製し，又はその複製物により公衆に提供する場合
> 3. 前条第二項に規定する屋外の場所に恒常的に設置するために複製する場合
> 4. 専ら美術の著作物の複製物の販売を目的として複製し，又はその複製物を販売する場合

　禁止行為として定められているのは，全く同じ意匠の建築物をつくる行為と，土産物のような複製物を作って，公衆に提供する行為だと明記されています。つまりこれ以外の目的であれば，自由な利用が著作権法で認められていて，写真を撮影することも，その写真を広告に使用することも，実は何ら問題ないということなのです（写真の権利講座 vol. 3 より）。

　ただし，写真撮影が敷地内で行われた場合は著作権法に抵触する場合があります。駅舎などの公共建築内の撮影などがそれに該当します。気をつけましょう。

Lesson 03　何を描くか

03−1　描く領域を切り取る

　Chapter 3では広島原爆ドームのスケッチをお見せしましたが，写真の中の一部の風景をスケッチしています。このように，写真に写っているどの範囲をスケッチするかをまず設定しましょう。

03-2　焦点の確認

　写真を見ながらのスケッチでは，必ず
画面の中の焦点の位置を確認して描きま
しょう。焦点とは，カメラのレンズの位
置のことです。写真はワンポイント焦点
となっています。

03-3　開口部の表現

　この写真を見ると，窓の中から背景の森が見えているもの，空が見えているもの，あるいは背後の
建築が見えているものなどがあります。それぞれ写真に忠実に描いてもよいのですが，スケッチ効果
としては，壁面と窓の対比を強調する意味で黒く塗りつぶすのが良いかもしれません。

03-4　素材感の表現

　壁面の古びたレンガ（エイジング）の表情は，細密画の場合でも一枚一枚描くのではなく感覚的に
ラフに描きます。壁面の仕上げの密度が上がりすぎると全体の形の印象が薄れます。

Lesson 04　フレーミングによる表現（描きたい部分）の違い

04−1　全体の表現

描く対象を風景全体としたスケッチです。

この修道院が建っている環境や，1000 年を経過して風化している周辺の雰囲気を表現しました。

04−2 素材感の表現

建築本体に焦点を当てて、壁面の素材感などを感じ取れるように描いたものです。

04−3 ディテールの表現

ポインテッドアーチや装飾などのディテールに光を当てて描きました。当時はルネサンス様式の時代で、イングランドの建築も影響されている様子がわかります。

Lesson 05　演習課題：リヴォー修道院を描く

　　正面のチャペルのファサードと手前の自然石の壁面，背景の森などの情報から描くテーマを絞ること。

　　細密表現にするのか素描にするのかを決心すること。全体を描くのか，部分を描くのかを決定して，スケッチをスタートして下さい。

　　描く順序として Chapter 3 で練習したフレーミングから始めてください。

写真の中のどの領域をスケッチするのかを決定すること。

> **リヴォー修道院（Rievaulx Abbey）**
> 　1132 年にクレルヴォー修道院の 12 人の僧侶によって設立されたシトー会派の修道院。最盛期には 1,000 人以上の修道士（シスター）が活動していた。現在はイングリッシュ・ヘリテージの所有の下に保護運営が行われている。ハリーポッターの撮影にも使用されている（イギリスヨークシャー州）。

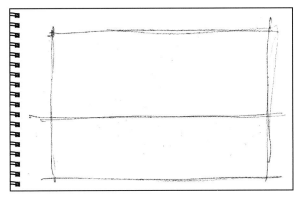

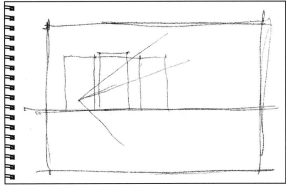

Step 1 フレーミング

Step 3 インナーフレーム設定

Step 2 基準線設定

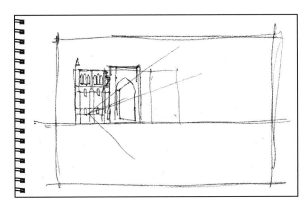

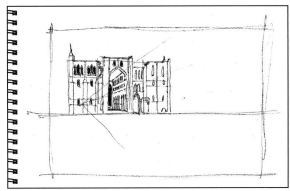

Step 4 インナーフレームの中の建築を一か所ごとに描き入れる。

Step 5 外壁の素材感を出すために調子を整える。

建物周辺の要素（石垣や森，芝生など）を記入して完成。

Chapter 5
素描 C

Lesson 01　サインペンについて

01-1　サインペンの特性

　鉛筆は，カーボンを紙の上に載せることによって絵や字を描くことができます。修正時などでは消しゴムで消去することもできます。紙面に描かれたカーボンを確実に定着するためには，"フィキサティフ"などを使用します。

　一方で，サインペンは，色のついた液体を紙の繊維の中に浸透させることによって描きます。したがって，**消しゴムなどでは消去できません**。消去するときは科学的に色素を破壊するか不透明素材（ホワイトなど）をかぶせるしかありません。**ボールペンは，鉛筆とサインペンの中間的素材**といえます。

　今回は，消すことができる鉛筆の特性と消すことができないサインペンの特性を利用してのスケッチの仕方をレッスンします。

01-2　鉛筆とサインペンを比較する

　鉛筆表現は Chapter 2 で練習したように，一本の線の中に強弱をつける，あるいは弱い線と強い線の使い分けで豊かな表情を出すことができます。一方で，**サインペンの線は最初も最後も同じ太さで表情を消したような表現**になります。線の太さも，ペンそのものの選択で決定され，筆圧の違いは表現できません。**タッチを出せる鉛筆表現と無表情なサインペン**の表現。鉛筆のタッチが自分が表現したいことの邪魔をする場合には，かえって無表情なサインペンが便利な場合があります。それぞれの素材（メディア）と特徴を理解して使い分けましょう。

イームズ邸
　ケーススタディハウスとして 1949 年にイームズ夫妻によって設計された。当初は，サーリネンとの共同設計であったが最終的には夫妻だけによる設計として完成した。工業化時代に対応すべく標準品の鉄骨を内外ともにむき出しに使っている。その使い方の斬新さによって"建築資材に対する考え方はまるで暴走族"と評されたこともある。

旧渡邉時計店
　1890 年（明治 23 年）竣工。設計者・施工者不明。国登録有形文化財。京都三条通に面して建てられた店舗付き住宅。竣工時は 1・2 階店舗，3 階住居，4 階には時計台があった。一見，レンガ造に見えるが，木造建築。現在は，アパレルショップとして利用されている。

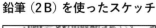

鉛筆（2B）を使ったスケッチ

サインペンを使ったスケッチ

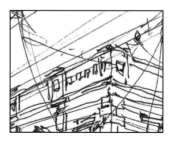

01-3　油性と水性

　サインペンには大きく分けて油性と水性があります。線そのものの表情はあまり変わりませんが、以下のような違いがあります。

> 1. 油性は紙への浸透性が強く、薄い紙の場合滲みやすい。水性は薄い紙でも滲みが少ない。
> 2. サインペンと水彩絵の具を混用する場合、水性サインペンの場合は滲みが発生するので、水性絵の具を使う場合は耐水性サインペンを使用する。
> 3. 油性のサインペンはどちらかというと力強い表現に適し、水性サインペンは繊細な表現に適している。

01-4　サインペンが似合う建築・風景

　サインペンの線は、無機的な感じで、言葉を変えていうならば**都会的・人工的な雰囲気**を描くのに効果的といえます。対照的に鉛筆は、線に強弱をつけてタッチを出すことができ、ヨーロッパの古い町並みなど、時代を感じさせる雰囲気を出すのに効果的といえます。下のスケッチは、ニューヨークのフラット・アイアンビル。大都会の人工的な雰囲気を出しています。

フラットアイアンビル
　ニューヨーク5番街に位置するオフィスビル。敷地は三角形で先端部分は1メートルほどしかないが、いまでも人気のオフィスビル。
　竣工は1902年、設計はダニエル・バーナム。高さ87メートル、22階建て。外装はライムストーン、構造は鉄骨造。UASの国定歴史建造物。

Lesson 02　サインペンで描く

― 鉛筆で形をとり，サインペンで仕上げる ―

冒頭で説明したように，サインペンは鉛筆と違って消したり修正したりできません。一方で鉛筆は消したりできるので，この特性を生かして描きます。最初のステップでは，**鉛筆で大まかなスケッチを描き，その上からサインペンで仕上げの線を引いてゆきます**。最後に，**鉛筆の線を消しゴムで消去**して，サインペンのみの線にして**さらに細部を描き入れ**て完成します。最初に描く，鉛筆の下絵は概略でもよいし，かなり細かく描いてもかまいません。時にはコンパスや定規を使うこともあります。

鉛筆で探りを入れながら，消しては描くといったことが繰り返し可能で，アイデアの練り込みではよく使われる手法です。

旧京都中央電話局上分局

京都の鴨川沿いに建つ逓信省のビル。竣工は 1923 年（大正 12 年），設計は吉田鉄郎，施工は清水組。RC構造で逓信省のビルとしては最古参ビル。吉田鉄郎の前期の代表作。表現主義から合理主義への過渡期の作品といえる。現在は，スーパーなどが入る商業ビルとして利用されている。

02−1　サインペンを使った描き方の流れ

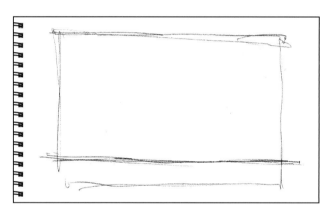

Step 1　アウターフレーミング
紙面に描く枠取りと，GL レベルの設定

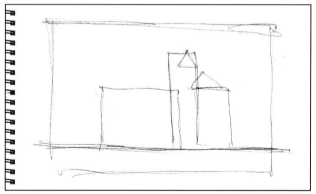

Step 2　インナーフレーミング
大まかに建築の形をとる。

Step 3
写真を見ながら鉛筆で形をとる。

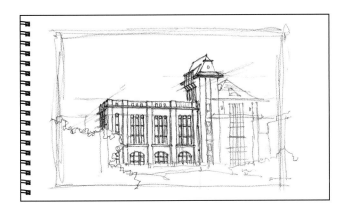

Step 4

　鉛筆の下書きの上から，サインペンで仕上げてゆく。この時，ある程度アドリブで形やアイテムを変更したりしてもよい。
※左半分が，サインペンで仕上げた状態。

Step 5

　消しゴムで鉛筆の下絵を消去してゆく。

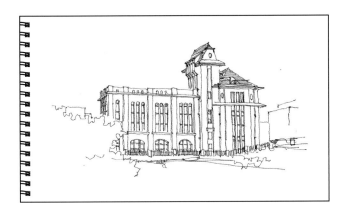

Step 6

　鉛筆を消去した後，植栽や人物などを描き加える。

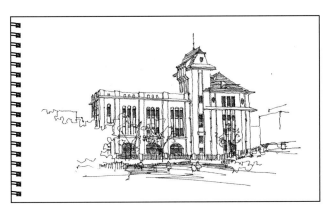

Step 7

　最後に，窓の墨入れや影の表現を加える。この場合，コピックなども使うと効果的。

02-2 サインペン画の特徴と事例

　サインペンでの表現は，線のタッチを殺すことによって，**シャープな切れ味の良い描き方ができるという利点**があります。ニューヨークといった現代都市だけでなく，ノートルダム寺院の複雑な装飾を表現したいときなどにも効果的です。また，プロフェッショナルな画像としても，プレゼンテーション時によく使われます。あまり，細かいところにこだわらずに，雰囲気重視の提案パースなどには最適といえます。

S 本社ビルの第一回基本構想提案に使った女子更衣室の事例

OG 本社ビルコンペで提案した人工台地の雰囲気を表現

　サインペン画の特徴は切れ味の良さです。この特徴を効果的に出すためにはあまり太いサインペンは適さないようです。太さの関しては絵の大きさなどにも関係がありますが，**0.1 mm 以下のもの**をお勧めします。
　ボールペンもちょっと面白い絵が描けます。

旧日本生命京都支店ビル：煉瓦造と蜘蛛の巣のような電線

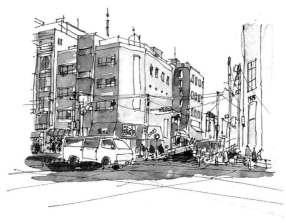

東陽町の下町，看板が無造作に林立する
（サインペン，水彩）

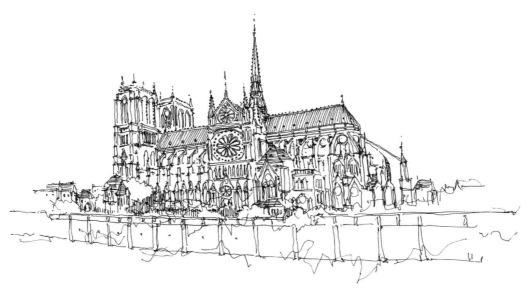

パリ　ノートルダム寺院
　　細かい装飾と伝統的な様式を描く。実際の装飾とは必ずしも一致しないが，雰囲気重視のスケッチ

オックスフォード　オールドマーケット
（サインペン，コピック）

京都三条通，旧渡邊時計店の内部

Lesson 03　演習課題：新宿ゴールデン街を描く

　配管・配線などは現実を忠実に描くのではなく，雰囲気を出すためにアドリブ的に足したり引いたりしながら，遊び感覚で鉛筆下書きを描きます。サインペンの仕上げも，**下書きにあまりとらわれずに自由に描くことで，下町の混とんとした雰囲気が出ます。**

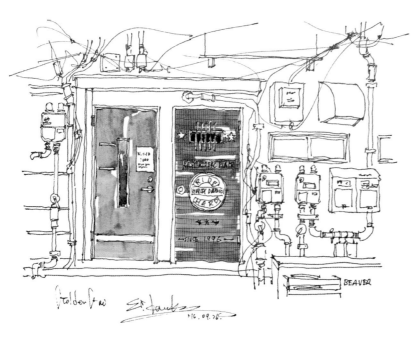

新宿ゴールデン街

　第二次世界大戦後の闇市の強制退去命令によって，1949年に現在の場所に移転した。

　現在もバーを中心とした多くの小店舗がひしめき，戦後の雰囲気を残している。赤塚不二夫・開高健・瀬戸内寂聴・野坂昭如など文化人が集った街。

　ガスや電気の配管がむき出しになった下町風景は，ある意味で自然体の飾らない風景となっている。

Step 1, 2, 3

アウターフレーム，GL，インナーフレーム記入

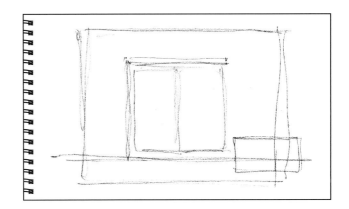

Step 4

写真を見ながら鉛筆で大まかな形を描く。細かい配線や配管のディテールなどは描かない。

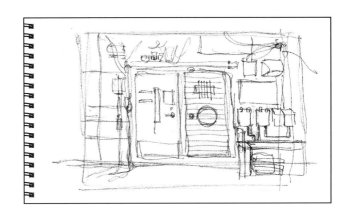

Step5

0.1 mm のサインペンで鉛筆画の上から仕上げしてゆく。あまり鉛筆画にこだわらずに，アドリブ的に足したり引いたり楽しみながら描くこと。

Step 6

サインペンが仕上がったら，鉛筆画を消しゴムで消す。画面と相談しながら，文字や色付けを行う。

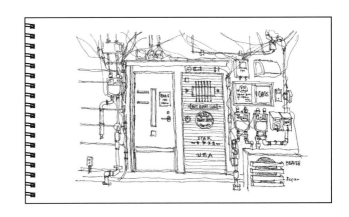

Chapter 6
ディテールを描く

Lesson 01　ディテールをスケッチすることの意味

《God is in the details.》

　ミース・ファン・デル・ローエがよく使ったということで有名な言葉ですが，アインシュタインやニーチェも使っています。原点はよくわからないのですが，キリスト教関連の言葉だろうといわれています。仏教語にも "一隅を照らす" という言葉があります。

　それはさておき，**ディテールを描いていると，建築家の作品に対するこだわりや価値観がよく理解できます。**例えば，素材感を大切にするおさまりや，逆にそれを出さないように工夫したディテールなど，建築家のデザインの方向性が見え隠れします。

　今回は，建築家アルヴァ・アアルトのディテールを紹介します。現地で描いたもの，写真に撮ったものを見ながらのスケッチ，あるいは，書籍を参考にしながらのスケッチなどです。鉛筆，サインペンなど様々なメディアを使用しています。

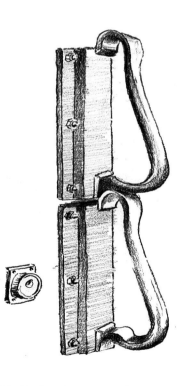
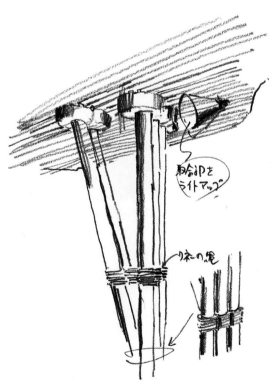

アアルト美術館（ユヴァスキュラ）入口ドアの取手
　2B鉛筆，写真撮影後にスケッチする

マイレア邸柱頭部，2B鉛筆で現地にてスケッチ

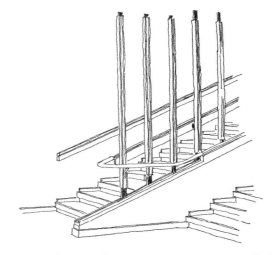

アールト大学ホール階段，サインペン 0.1 mm で描く

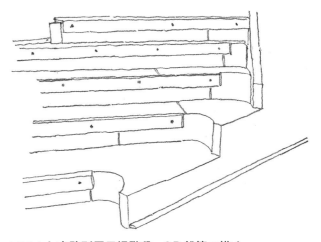

アアルト事務所展示場階段，2B 鉛筆で描く

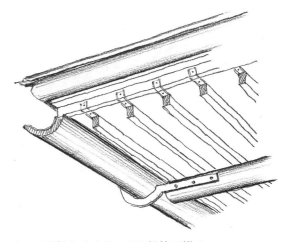

マイレア邸軒おさまり，2B 鉛筆で描く

Lesson 02　アアルトのディテールをスケッチしていて感じたこと

　アアルトの作品を支えているディテールを見ていると，多くの共通点があります。マイレア邸のような豪邸から，戦後多く建てられた復興住宅まで，国内産の素材を多用していることです。

　特に木材の多くが国内産と思われます。ところで，フィンランドの森は土地が痩せていて，ノルウェーの森のような大木はほとんど生えていません。その細い木材をディテールで工夫し，時にはベニヤ板を使用しながら暖かい空間に仕上げています。豪邸といえるマイレア邸でも，木材は決して高価なものは使用されていません。共同設計者であるアイノ・アアルト（アルヴァ・アアルトの妻）の影響もあると思いますが，自国の自然を愛する気持ちが国民的支持を受けている理由の一つだと感じます。

針葉樹も広葉樹も太くならない

列車に積み込まれた木材は細長いものしかない

湖岸近くにはサマーハウスが並ぶ

週末のフリ・マーケット

ムイッコのからあげ

レストラン "サボイ"

建築小話

　フィンランドといえば，サウナ・湖・ムーミン・マリメッコ，それにサンタクロースとオーロラ。シベリウスとエーロ・サーリネン，それにアアルトも忘れてはなりまん。週末に開かれる市場には，ブルーベリーやムイッコ（淡水魚）など自然の恵みがいっぱいです。

　ヘルシンキにあるアアルト設計のレストラン "サボイ" やカフェアアルトもおすすめです。

アアルト大学

　アアルト大学はヘルシンキ工科大学（1849 年創立），ヘルシンキ経済大学（1904 年創立），ヘルシンキ美術大学（1871 年創立）の 3 つの大学が 2010 年に統合されて設立された新しい大学です。ヘルシンキ工科大学の卒業生である建築家アルヴァ・アアルトの名にちなんで命名されました。彼は，かつてのヘルシンキ工科大学の卒業生であり，メインキャンパスであるオタニエミキャンパスのマスタープランだけでなく多くのパビリオンの設計を手がけました。

　ここにある美術・デザイン・建築学部には日本からの留学生も多く学んでいます。大学院では，フィンランド語ではなく英語での教育が行われています。

　メインキャンパスは，ヘルシンキの中心部から地下鉄で約 20 分の所に位置しています。

　アアルト大学では国内産木材の性質を理解し，それをどのように活用するかといった授業が行われていました。特に伝統的な木材に関する手法を，現場で体験することが重視されています。教室に併設された木材加工場には，専門のスタッフが常駐し，学生の作品制作をサポートしています。

各学生には，専用のワーキングデスクがある。

世界各国からの留学生が学ぶ。

教室に隣接している木材加工場

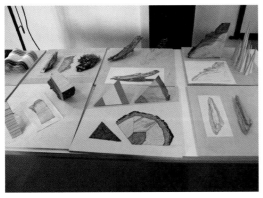

木材を見ながらのドローイング

導入教育としての，木材を使った学生の作品

Lesson 03　ディテールスケッチアラカルト

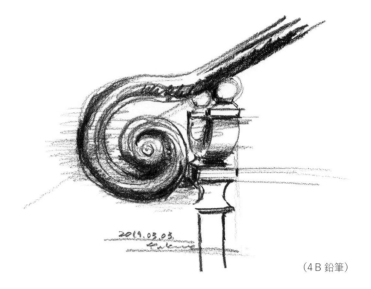

パリの地下鉄の入り口

（4Ｂ鉛筆）

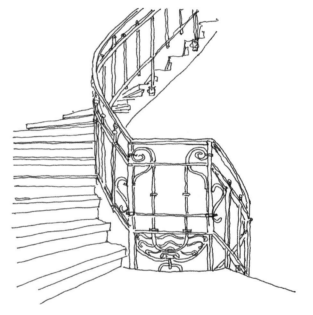

ヘルシンキの古いホテルの階段

（サインペン）

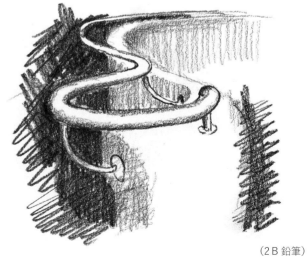

サンフランシスコ
旧モーリス商会

F. ライト設計

（2Ｂ鉛筆）

＊ディテールを描くと，細かいおさまりや作家の素材に対する考え方が見えてくる。

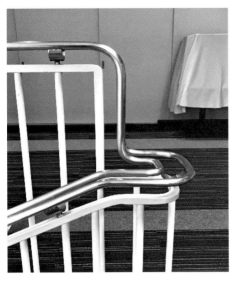

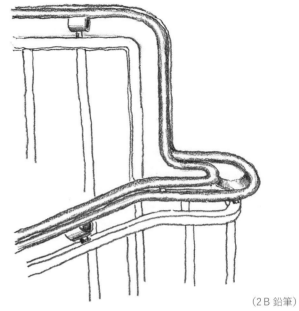

宇部市全日空ホテル
村野藤吾設計

（2B 鉛筆）

ギャンブル邸
ロサンゼルスパサデナ
グリーン＆グリーン設計

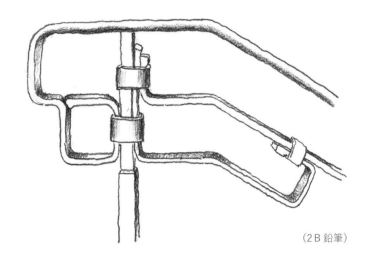

（2B 鉛筆）

ギャンブル邸

　ロサンゼルス郊外パサデナにある邸宅。オーナーは P&G の 2 代目社長デイビット・ベリー・ギャンブル。（1909 年竣工）設計はヘンリー・マザー・グリーン兄弟。アメリカン・アーツ＆クラフツの代表作。

　自然との調和，質実な生活スタイルというアメリカ人の基本精神を具現化したような住宅。日本の影響もかなり強く受けている。日本ではあまり知られていないが，アメリカでは文化財として保存されており，一般見学もできる。

ドア取っ手・引き手のスケッチ

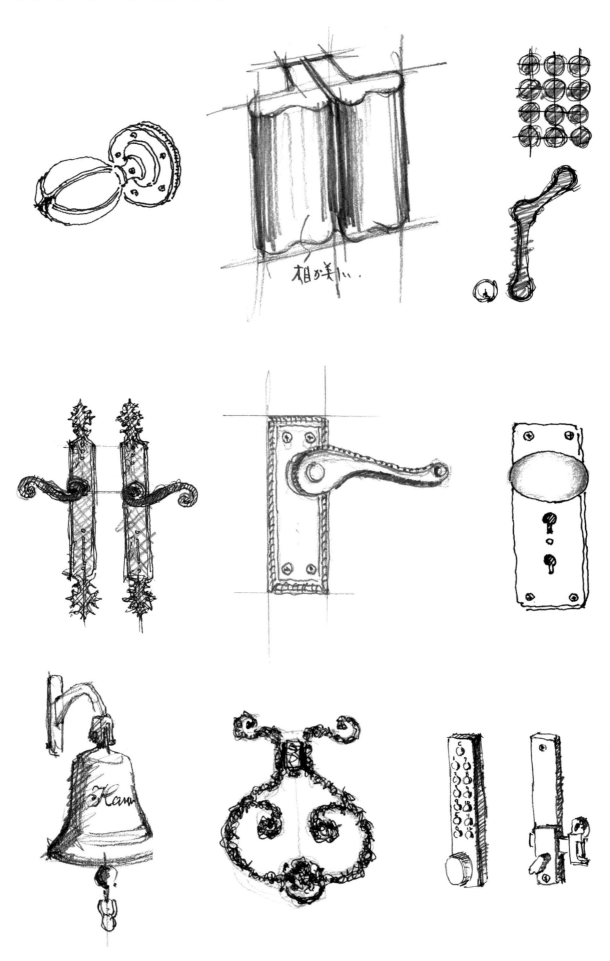

相が美しい.

建築金物のスケッチ

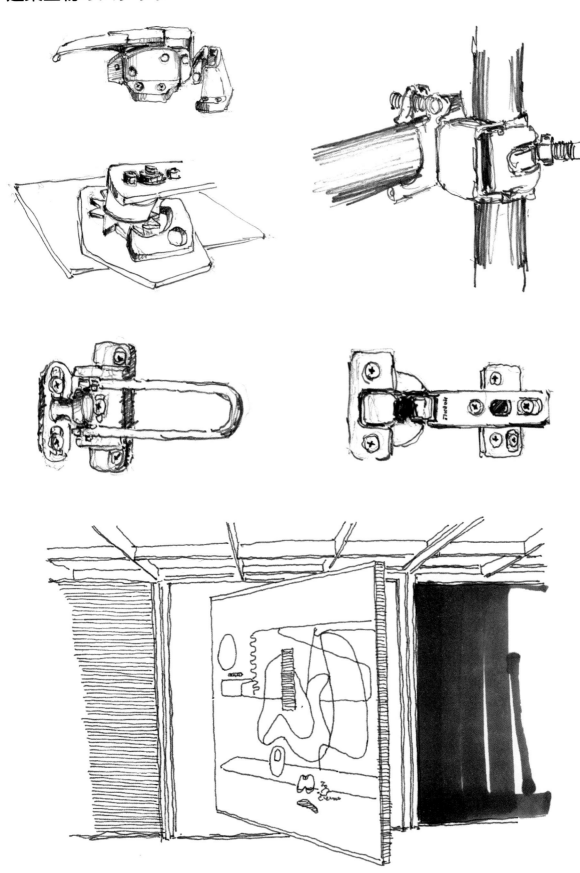

チューリッヒのル・コルビジェセンター

　正式には Heidi Weber Museum という。コルビジェセンターはスイス出身の建築家ル・コルビジェが自らの作品を展示するために 1966 年に建てた個人美術館。

Lesson 04　I. I. T クラウンホール

ミースについて

　「Less is more」ミースの建築を見ているとこの言葉が脳裏に浮かんできます。

　1930年からバウハウスの学長を務めていましたが，ナチスによって学校は閉校になりました。その結果，大先輩のF. ライトを頼ってアメリカに亡命します。ライトはホームタウンのシカゴに彼を温かく迎え入れました。

　その後，この都市のイリノイ工科大学建築学科の主任教授に就任し，レイクショアドライブなど多くの名作を残しました。中でも，クラウンホールはその完成度の高さで彼の代表作の一つとなっています。この作品を見ていると，防水のおさまりや鉄とガラスの取り合い，あるいは鉄材の温度による伸縮の処理など，シンプルな表現の裏にどんなディテールになっているのだろうと不思議になってくる建築でもあります。

Lesson 05　演習課題：ディテールをスケッチする

　日頃あまり目に触れない建築金物を見つめてスケッチしてみよう。そこには，意外と美しい機能美が隠されており，むしろその機能美を隠さずに表現したほうがいいのではと思う時もあります。

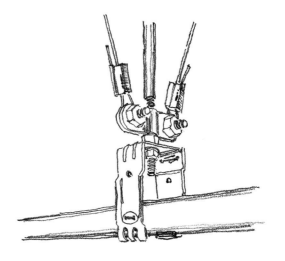

天井下地の振止め防止

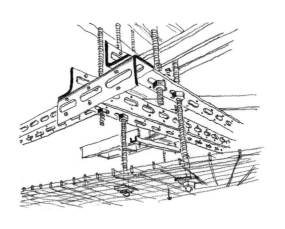

ワイヤメッシュの取付金物

S本社のインテリア提案スケッチ

S本社ビル
事務所空間は直天，一部ワイヤメッシュ天井

Chapter 7
インテリアを描く

Lesson 01　インテリアスケッチを始めるにあたって

室内空間（インテリア）を描く目的は，基本的には Chapter1 で説明したことと同じです。

> ・自己のアイデアや構想を見える化して深度を深める道具
> ・自己のアイデアや構想を他人に理解してもらうための道具
> ・クライアントなど他人のアイデアを見える化するための道具

一方で，外観スケッチやコンセプトドローイングと違うところは，人間のアクティビティー（どのように使うか，感じるかなど）をより強く表現することが主目的になるということです。言葉を変えていうならば，臨場感の表現です。そのために必要なポイントを以下に説明します。

Lesson 02　インテリアスケッチの３つのポイント

インテリアスケッチを構成する要素は大きく分けると３つになります。

> 1.　インテリア空間の捉え方：焦点（視点）の高さと取り方
> 2.　FFE（家具・カーテンなど）の二次空間構成要素，家具配置とかたち
> 3.　花瓶・プランター・書籍・食器などのインテリア小物，植栽表現他

マイレア邸

　1937 年着工，39 年に竣工。オーナーは，アアルトと一緒に家具メーカー "アルテック" を立ち上げたグリクセン夫妻。当時はどちらかというと，プラスティックやスチールといった新素材に関心があった時代に，自然素材を巧みに組み合わせた北欧モダン調を確立した作品。インテリアは主に，アイノ・アアルトが手掛けた。事前申し込みで見学できる。周辺は麻（リネン）の産地で有名。ハダカムギのストローによる立体造形 "ヒンメリ" も，この地域で古くから作られてきた。

捉え方で重要なのは，焦点（視点）の高さと焦点の数です。

外観スケッチでは，焦点の高さは立った人の目の高さ（GL＋1550 程度）です。ホールなど大きな空間では外観と同じ GL＋1,550 程度で描きますが，**レストランなど小空間では GL＋900～1,250 で**描きましょう。つまり，椅子に座った目の高さです。（写真を撮影するときも同じことが言えます。）

焦点は基本的に一点としましょう。そうすることで，奥行方向の線はすべて焦点に集まるので描きやすくなります。横方向の線は基本的に水平平行線になります。（無限遠に焦点存在）

一焦点をマスターできたら，二焦点にチャレンジしましょう。動きのあるダイナミックな空間表現になります。

エントランスなどの大空間の焦点高さは GL＋1,550

レストランなどの小空間の焦点高さは GL＋900～1,250

アウターフレーム

焦点は基本的に 1 点とします。位置は画面のセンターでも左右に振ってもかまいません。
奥行方向のすべての線は焦点に集まります。横方向の線は並行水平線として描きます。

02-2 家具の配置とかたち

空間を描いた後で，家具の配置平面図を描くことから始めます。配置が決定した後，一つ一つ家具を立ち上げます。

椅子の背高は平均800mm
座面は平均420×420mm
机の平均高さは700mm

1 家具配置を平面に書き入れる。

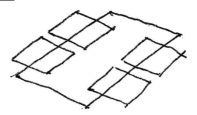

2 平面から垂直に立ち上げる。

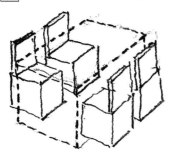

3 椅子の形を練習する。

　最初は，キューブとしての基本形の練習からスタートする。

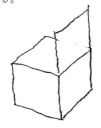 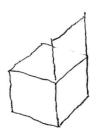

4 椅子・机を書き入れる。

　キューブの形を少しアレンジして椅子らしく整える。

5 机・椅子を組み合わせて完成

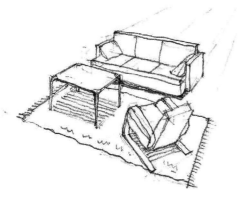

アアルト自邸リビングの家具のスケッチ

Lesson 03　インテリアアイテム

　インテリアスケッチの主な目的は，どのように使われるか，あるいはどんな印象を受けるかを表現することです。その場合，空間の形はもちろんですが，そこにどのような家具や照明器具などを置くかで，その印象は大きく左右されます。家具や照明器具を記入する場合，もちろんオリジナルのものを描いてもよいのですが，アイコン的名作家具や照明器具を記入して，共通言語的にイメージ誘導するのも有効な表現といえます。

03−1　名作照明器具のかたち

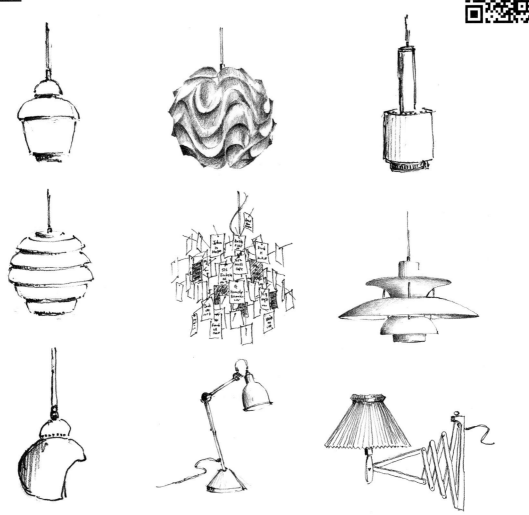

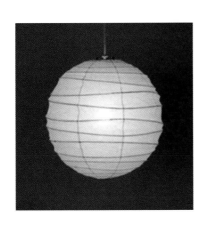

03-2 名作椅子のかたち

　インテリアパースを描くときは，椅子など一般的な形のものを描くのが良いと思われます。一方で，ここにはこの椅子のデザインが必要だと思うときには，名作椅子などを描くようにしましょう。イメージ誘導に有効です。建築家にとって，椅子のデザインは重要で，できればオリジナルの椅子を制作し

たいと思っています。ただ，机などと違って，椅子は人体に直接触れるもので，デザイン性だけでなく快適性や強度等越えなければならない多くのハードルがあります。名作椅子とは，それらを超えて，時代を生き抜いてきたものといえます。

アントチェア（アルネ・ヤコブセン，1952 年）

　アントチェアはその形から，"ありんこチェア（蟻）"と呼ばれている。この椅子は，もともとはデンマークにある NOVO 製薬の食堂用の椅子としてデザインされたもの。

　第二次世界大戦での金属不足を補う意味で開発が進んだ合板の技術を応用して，世界で初の座と背を一体に成型するというアイデアで，ローコストを実現した椅子。当初は 3 本足だったが，彼の死後 4 本足も製品化された。セブンチェアと共に世界でもっとも多く制作されている椅子である。

Lesson 04　図面からインテリアスケッチを起こす

　建築主との打合せでは, 平面図だけでは共通のイメージを持ちにくいので, 簡単なインテリアスケッチを提示することが多い。この場合, コンピューター画などの完成度の高いスケッチよりも, クライアントが意見を言いやすい雰囲気のスケッチの方が効果的といえます。また, 変更要求をその場でスケッチして確認するのも, 建築主の信頼を得やすくなります。スケッチの原点である概略性・即興性を発揮することです。

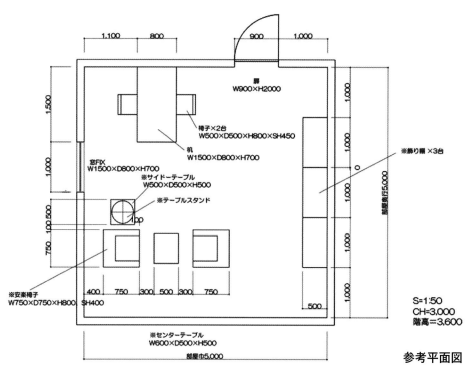

参考平面図

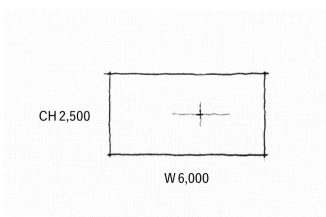

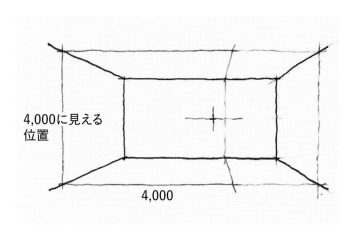

Step 1　正面に壁面の形を描き込む
　＊インナーフレームの記入
・一点透視図法に基づき作図していきます。
・正面となる壁を, 適当な大きさとなる様に縮尺を決め, 描きます。
・その後視点（透視図上の焦点）の位置を決めます。
（通常, 立位でH1,550程度, 小さな空間では900〜1,250）

Step 2　焦点から側面各部の線を引き延ばし空間の形を描き込む
　＊アウターフレームの記入
・部屋のボリュームを作図していきます。
・奥行きは正方形に見える位置などを利用し決めていきます。

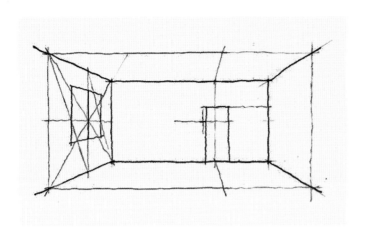

Step 3　建築的要素の記入

　ドアや窓などの建築的な要素を描いていきます。

　位置や大きさは全体の空間の比率から描き進めます。（正確さより，感覚重視で描きましょう。）

　対角線を用いた分割などをうまく利用します。

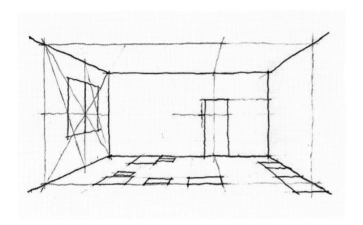

Step 4　家具の平面位置記入

　家具の形は焦点からの延長線を引き延ばして描き入れてゆきます。

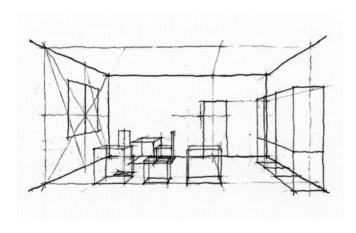

Step 5　平面に描かれた家具を垂直に立ち上げてゆく

　家具の高さは，ドアの高さ 2 m などを参考に決めてゆきます。

Step 6　インテリア小物の記入

　全体の調子を見ながら，添景（人物や家具，カーテン，照明器具，植栽，アート，アクセサリーなど），素材感や影などを加えて，完成させていきます。

Lesson 05　演習課題：サヴォア邸を描く

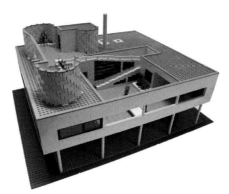

レゴブロックのサヴォア邸

　着工 1928 年，竣工 1931 年。コルビジェが近代建築の 5 原則をすべて使って計画した住宅です。建築主のピエール・サヴォア夫妻は保険会社を経営する裕福なファミリーで，セカンドハウスとして彼に計画を依頼しました。当時のフランスはどちらかというと保守的でしたが，先鋭的な建築家コルビジェの価値観に感動して発注したといわれています。コルビジェは，計画依頼からわずか 1 か月ほどで提案し，ほぼその案のままに完成しています。

　第二次世界大戦ごろには使われずに放置され，一時はドイツ軍が使用していました。崩壊の危機にあったサヴォア邸を救ったのは，「人間の条件」などの執筆者で，文化大臣をしていたアンドレ マルロー。国家予算で修復し，フランスの歴史遺産に指定しました。その後，世界遺産にも指定されています。

Villa Savoye.

　窓や床面，植栽，備品をアドリブ的に記入します。
　中庭側のガラス表現は，透明感を出すように，ガラスを薄く描き，外部の様子がなんとなく見えるような表現にすると，立体感が出ます。

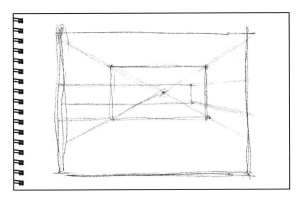

スケッチの大きさを決めるアウターフレーム，画面の基準となるインナーフレーム，焦点をそれぞれ記入。

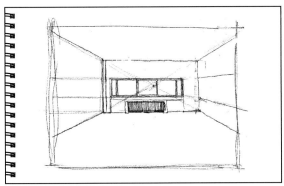

Step 2

インナーフレームから建築的要素を描き始め，スケッチの調子を整えます。

Step 3

左右の壁面，天井の照明などを描き加えます。床面のフローリングなども記入しておきます。ガラスの外部の様子も記入しましょう。

Step 4

床面に家具配置を記入します。構図を考えて，家具の種類や位置を適当に考えましょう。難しければ，一度コピーをとってエスキースするといいでしょう。

Step 5

エスキースで確認して家具を立体的に立ち上げます。家具の形などは，写真などを参考にスケッチしましょう。

Chapter 8
点景ー人物

Lesson 01　点景を描く

01−1　点景を描く目的

　点景の代表選手といえば，人物・樹木・車があげられます。建築や街の風景あるいはインテリアなどに点景を加える意味は以下の4要素といえます。

1. 人物や車との大きさの比較によって，建物や空間のスケールをイメージさせる。
2. 建築周辺でのアクティビティー（使われ方や雰囲気）へのイメージ誘導
3. 建築の周辺デザインやインテリアに使いたいFFE（家具・照明器具・カーテンなど）の先行的デザイン提案
4. 人体動作等によって，特定の機能を説明する点景

　　＊植栽やFFEなどは建築本体とは切り離され，予算計画の中で削られたり設計者の意思に反して決定される場合が多く，その意味でも早期にスケッチ提案しておきましょう。
　　＊人物表現はChapter 8，植栽・クルマなどはChapter 9で説明します。

　上記の4要素のように，点景は，建築デザインを支える，あるいはイメージしやすくする要素として重要なアイテムといえます。しかしながら，建築本体を"主"とするなら点景はあくまで"従"という位置付けであることを忘れてはなりません。例えば，車を描く場合にもランボルギーニなどを描くと，そちらに注意が行き過ぎて本体への注意が緩慢になるので注意しましょう。

01−2　空間などのスケール尺度としての点景

人物を多く書き入れることによって京都市役所前の広がりを表現
（サインペン）

人物との対比によって，天井の高さや空間の大きさを表現
（サインペン）

01-3　空間や周辺環境の雰囲気表現としての点景

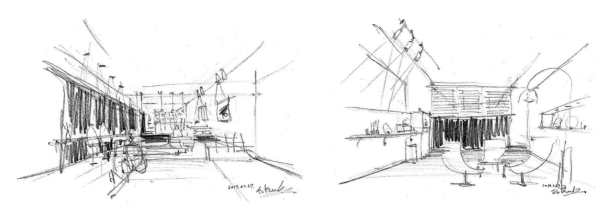

機能や面積が決まっていない段階での内部空間の使われ方を提案
（2B 鉛筆）

看板と歩道・建築の関係を表現
（サインペン，コピック）

01-4　家具や素材の先行提案としての点景

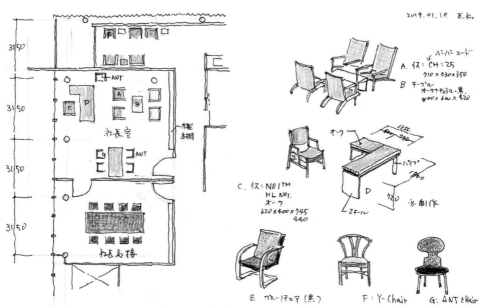

T 本社役員室の家具配置と予算取りの提案
（サインペン，2B 鉛筆）

01-5 人物の動きや雰囲気によって具体的な機能空間を説明するための点景

既存体育館に併設されるフリークライミング場の提案資料
（2B鉛筆）

既存市民ホールリニューアルでの子供用のワークショップ会場の提案資料
（サインペン，コピック）

既存物販店をコスメショップへコンバージョンするための提案資料
（サインペン，コピック）

Lesson 02　人物を描き分ける：具象から抽象へ

　点景として人物を描く場合，スケッチの大きさによって，具象的表現から抽象的表現まで使い分けます。具体的には，インテリアなどの場合は，ある程度の具象的表現，建物の外観スケッチの場合は半抽象的表現，都市スケール的な表現やコンセプト提案などには抽象的表現とします。

近景人物は具象的に表現
（2B鉛筆）

中景表現は男女・子供などがわかる程度の抽象化を図る。
（2B鉛筆画をコピーした後、コピックで加筆）

遠景表現は記号的に人物を表現
（サインペン）

Lesson 03　人体をスケッチする

03-1　人物表現の描き分け方

点景としての人物を効果的に描くためには以下の段階を踏んで練習しましょう。

> **Step 1**　写真などを模写あるいはトレースして，実際の人物の形やバランスを覚える。
> **Step 2**　Step 1 で描いた人物を見ながら，描く要素を単純化して人物画の抽象化を行う。
> **Step 3**　Step 2 で描いた半抽象的人物画を思い切って記号的・抽象的表現で描く。

描くアイテムは女性・男性・子供，それぞれの洋服や持ち物，正面・背面などを描きます。この場合も姿や服装は標準的なものとします。これらをマスターした後，自転車に乗っている姿や，ランニングスタイルなどアイテムを増やしてゆきましょう。

気に入った人物写真をストックしよう。（雑誌・インターネットなどから集めても良い。）

日常生活の中で見かける人々の素敵な表情を，こまめに写真などで記録し，点景の引き出しにしまっておくと便利です。海外旅行などでも，もちろん建築や街の風景を写真に撮るのもいいですが，カフェやパブでの様子や交差点で待っている人々の表情，公園で遊ぶ子供たちの姿などを個人情報に気を付けながら写真に記録しましょう。

03-2　写真をトレースする

点景に使用する人物の多くは，街を歩く普通の歩行者が多いです。その意味で，自ら街に出て自然な姿の歩行者を観察し，できれば写真に収めてそれをもとにトレースやスケッチをしましょう。

ロンドンのコベントガーデン近くで
撮影した風景

風景写真をトレースしたスケッチ

03-3 具象から抽象へ

　トレースをする場合，人物だけをトレースして数段階に分けて抽象化し今後のスケッチに利用するストックにしましょう。

ロンドンのダウンタウンで，信号待ちする人々の風景。（中景）

　街の風景の中から，人物だけを取り出して，スケッチします。第一段階は，具象的に，次に抽象化とステップを踏みながら練習しましょう。

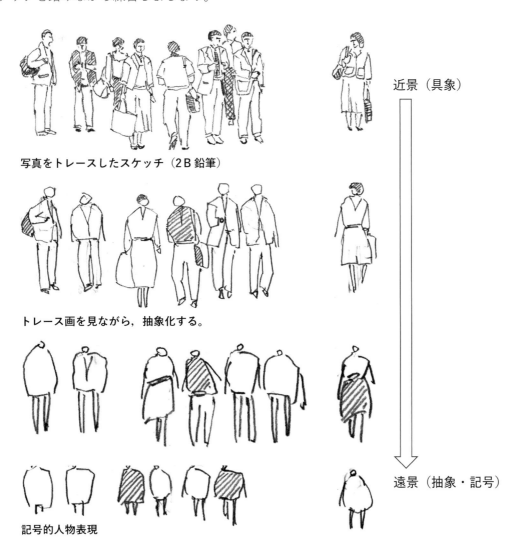

近景（具象）

写真をトレースしたスケッチ（2B鉛筆）

トレース画を見ながら，抽象化する。

遠景（抽象・記号）

記号的人物表現

Lesson 04　人物の形を集める

04−1　スマホなどで人物のカタチを集める

近景 ⟶ 遠景

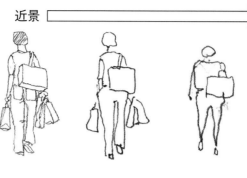

街で見かけた子供

街で見かけた様々な人

04−2　イラスト人物画と肖像権

　肖像権を侵害する行為となるのは，写真撮影，ビデオ撮影等，個人の容貌ないし姿態をありのまま記録する行為，および，これらの方法で記録された情報を公表する行為であると理解してください。

　絵画は，写真およびビデオ録画のように被写体を機械的に記録するものとは異なり，作者の主観的，技術的作用が介在するものです。肖像画のように，写真と同程度に対象者の容貌ないし姿態を写実的に正確に描写する場合は別として，作者の技術により主観的に特徴を捉えて描く似顔絵については，似顔絵自体により特定の人物を指すと容易に判別できない場合は，似顔絵によってその人物の容貌ないし姿態の情報を公表したとはいえません。これによって，別途名誉権，プライバシー権など他の人格的利益の侵害による不法行為が成立することはあり得るとしても，肖像権侵害には当たらないと解釈されています。

（東京地方裁判所 2002 年 5 月 28 日判決より）

Lesson 05　演習課題

05−1　人物のスケッチ1

人物のスケッチを具象から抽象まで3段階に描きましょう。

	近景	中景	遠景

05−2　人物のスケッチ2

　街のインフラともいえる信号などと，人物に焦点を当ててスケッチしましょう。人物も，全員描くのではなく，適当にピックアップしましょう。

Chapter 9
点景 ― 植栽・クルマ他を描く

Lesson 01　植栽

　点景は，Chapter 8 で説明したように，スケール感や雰囲気あるいは特殊な機能表現など，自己のアイデアを実現させるために必要な説明武器として欠かせないものです。その主なものは人物ですが，この Chapter では，人物以外の点景について説明します。

　植栽の表現も，人物と同じように近景・中景・遠景と描き分ける必要があります。緑の塊としての遠景，葉っぱ一枚一枚の表現としての近景など，ケースバイケースで描くアイテムを選択します。

　ただしこの場合も，樹木はケヤキなどの一般的な樹種にしたほうが点景としての役割を果たせます。もちろん，満開の桜や和風の松あるいはヤシの木など，特殊な場合に描くことはあります。

01−1　遠景としての植栽表現

　遠くに見える山など緑化エリアとしての表現は，植栽というよりも地盤のうねりのような表現として描き，**あまり細かく描かない**ほうが効果的です。幹や枝などは表現せず光と影のコントラスト程度にとどめておきましょう。

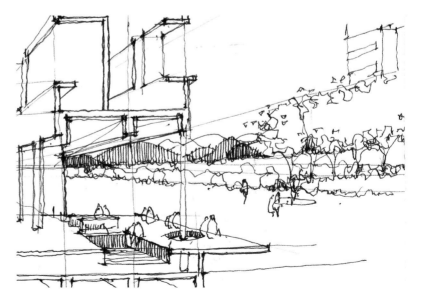

01-2 中景としての植栽表現

　街路樹のある風景，木立の中の建築など**幹や枝などが見える程度の植栽表現**です。葉っぱ一枚一枚は表現せずに，葉っぱの塊として**光と影のコントラストで描きましょう**。

　建築との関係で，実際の樹木の密度や形は適当に調整してもよいでしょう。

01-3 近景としての植栽表現

　インテリアなどを描く場合には，**葉っぱ一枚一枚が見える表現**にして臨場感を出す場合が多いです。この場合も，特にこだわりがない限り観葉植物は一般的なものとして描くのが良いです。

Lesson 02　樹木のカタチを描く

　建築計画で最もよく利用される樹木は，高木ではケヤキ・シラカシ，中木ではケヤキ（株立ち）・ハナミズキ・ヤマボウシ・シャラ・エゴ，低木ではサツキ・ツゲ・アベリアなどがあげられます。スケッチで植栽表現をする場合は，これらの標準的な樹木を描くのが良いでしょう。実際の植栽計画では，松や杉，あるいはイチョウやクスなども使用されますが，スケッチ段階の提案表現では，標準的な樹種を選定した方が無難です。植栽計画では，樹種高さなどを，コストを考慮しながら別途表現した計画図を作成して下さい。

02-1　高木を描く（ケヤキ，一本立ち）

　太い力強い幹と陰影のある葉っぱの表現。ケヤキの場合，葉の密度はどちらかというと低く，透けた感じに表現します。また，枝は上に向かって箒状に広がっています。
　シラカシも基本的には同型です。楠は枝は横に張り出し，葉の密度も濃く表現します。

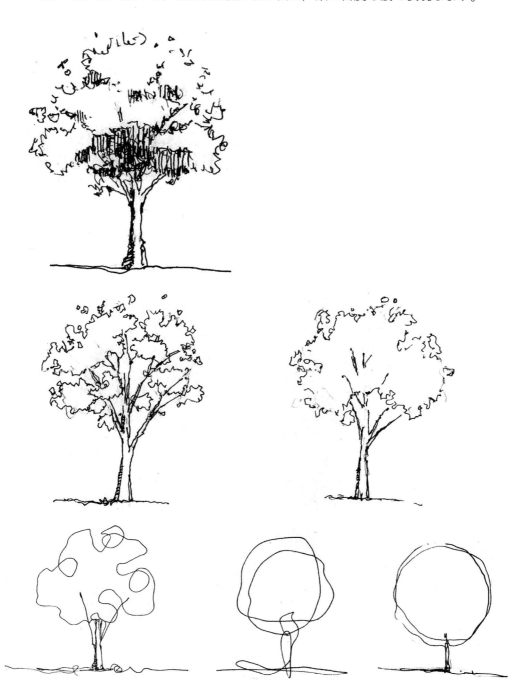

02-2　中木を描く（ケヤキ，株立ち）

　中木の代表は，ハナミズキ・シャラ・ヤマボウシなどですが，樹形はよく似ています。基本的に株立ち（複数の幹が地面から生えている）が多く，細い幹で構成されています。葉っぱの密度も低いです。

02-3　低木を描く（サツキ，密植）

　低木の代表はサツキが圧倒的に多いです。サツキの仲間の"ヒラドツツジ"，"クルメツツジ"なども良く使われています。その他に，ツゲやアベリアなども多いですが，表現としては，基本的に緑の塊という描き方が良いでしょう。

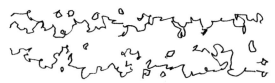

Lesson 03　様々な植栽表現

　植栽表現は，建築の印象を大きく左右します。Lesson 02 で説明した描き方を参考にしながら，自分なりに工夫して表現して，個性的表現を確立しましょう。

パリノートルダム寺院

F・Oゲーリー自邸

ファンズワース邸

Lesson 04　乗用車・バスなど

　車を描くときは，まずボディーを長方形としてとらえます。次に，フロント部分・リア部分のカットを描き，最後に車輪の位置決めをします。この時，車輪の位置を間違える場合が多いので，写真などで確認しましょう。また，乗用車・バスなどで人間との大きさの違いを確認しておきましょう。

　p.162（あとがきの下）に，参考として車の描き方の動画を添付しています。

 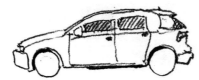 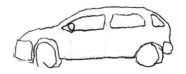

※前輪の位置は，意外と前部についていることに注目。乗用車の高さは，平均
　1,500 と意外と低い。

  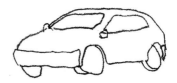

  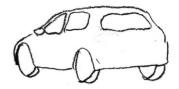

  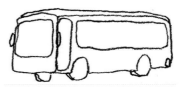

Lesson 05　演習課題 — 植栽

下の写真をスケッチしてみましょう。

アルヴァ・アアルト　夏の家
　ムーラッツァロの実験住宅ともいわれるアアルト一家のためのセカンドハウス。設計はアルヴァ＆エリッサ・アアルト。竣工は 1954 年。湖に面した場所には木造のサウナもある。
　この村の役場（セイナッツァロ）はアアルトの設計。現在はアアルト美術館にて管理され，見学が可能。

完成したスケッチ

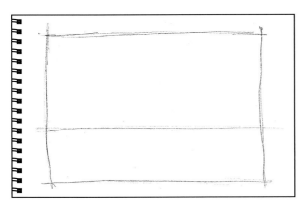

Step 1

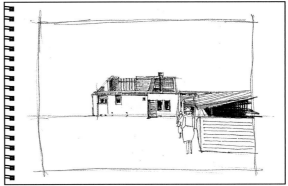

Step 5

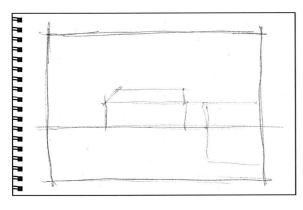

Step 2

Step 6

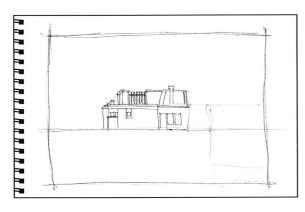

Step 3

Step 7

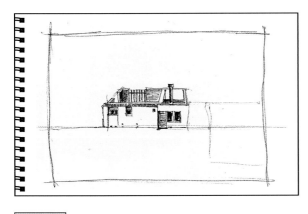

Step 4

Lesson 06　演習課題 ― 車

　街路樹・建築・バス・乗用車・人間など様々な要素の中で，均等に描くのではなくどこかに焦点を当ててスケッチしましょう。

オックスフォード

　ロンドンから高速バスで2時間余りに位置する大学都市。1263年に記録が残るユニバーシティ・カレッジ，ベイリョール・カレッジ等多くの歴史的カレッジが街区を構成するカレッジシティー。現在の天皇陛下もここに留学している。"オックスフォード大学"というのは無く，カレッジの総称としての名称。有名なクライストチャーチはハリーポッター等のロケにしばしば使われている。もう一つの大学"オックスフォードブルックス"はヘディントンを本拠とするオックスフォード・ポリテクニクから1991年に大学に昇格している。

　意外と知られていないが，この都市は自動車産業でも有名で，「モリス自動車会社」(Morris motors Company)が経済面で都市を支えてきた。現在はBMWによる新型ミニ車の製造が行われている。

建築に注目してのスケッチ

バス・乗用車・人間など町の雰囲気を中心にスケッチ

106

Chapter 10
コピックを使った表現

Lesson 01　コピックを使った表現

01-1　コピックという画材

　コピックは，漫画やアニメの下書き作成などのために開発された画材です。色数が豊富で，とりわけグレー系統のバリエーションが充実しています。尖った先と平たい面の二種類を使い分けることによって，画面に動きや立体感を出せる特徴があります。建築系でも，特に店舗設計などのインテリア系に多用されています。**基本的には，鉛筆やサインペンとの混合使用で，単独に用いられることはほとんどありません。**

01-2　コピックの特徴

　コピックは揮発性の溶剤に色素を混入したもので以下の特徴や注意点があげられます。

1. 溶剤系液体なので紙に浸透しやすく，スケッチブックなどで描く場合はトレーシングペーパーなどの不浸透紙を挟むこと。
2. 透明素材なので，基本的には色は重ねないこと。重ねると滲んだり，色が濁ったたりする。
3. 鉛筆やパステルと違って水彩絵具と同じで，修正がきかないので，必ず色や構成を事前チェックしておくこと。
4. 透明感や動きの表現に適しているため，ある程度のスピード感で筆を走らせること。
5. 擦りつけるような描き方なので，鉛筆での下絵はフィキサティフなどの定着液で線を保護しておくこと。

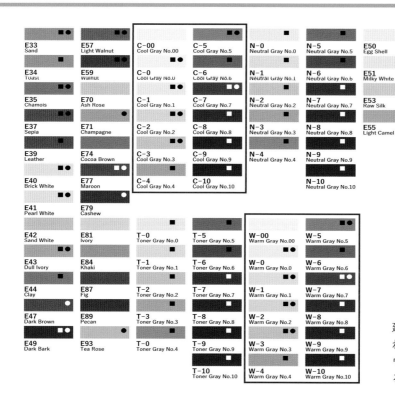

建築系スケッチでよく使用されるグレー。クールグレーとウォームグレーの二種類がある。

01−3 鉛筆とコピックの比較

コピックは液体素材なので，基本的には水彩画の特徴と類似しています。一番の特徴は"輝き"の表現といえます。光と影の表現は鉛筆などでもある程度可能ですが，"輝き"の表現は難しく，コピックの部分的塗り残しなどで，動きや輝きを表現すると効果的といえます。

軍艦島

　正式名称は"端島"と呼ばれるが，海上からの姿が戦艦を連想させるので"軍艦島"と呼ばれるようになった。海底炭田採掘のために岩礁を拡張して作られた人口島。南北約480m，東西約160m，最盛期（1960年）には人口は5,000人を超え，人口密度は83,600人／km² と世界最高を記録している。日本初の鉄筋コンクリート造の高層集合住宅で，病院・学校・寺院などの施設も完備されていた。
　西山卯三氏も"住まい"という切り口で現地調査をしている。2015年に世界遺産登録されたが，鉄筋コンクリートの風化が激しく保存修復の検討が進行中である。一方，外国人労働者の強制労働などに関して歴史検証などの問題も抱えている。

2B鉛筆を使った具象表現

2B鉛筆を使ったコンセプト表現

グレー3色のコピックを使った表現

Lesson 02　コピックを使って陰影を表現する

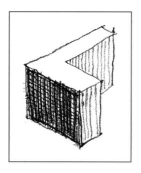

Step 1

　形を描き，鉛筆で影の濃さを確認する

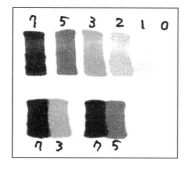

Step 2

　コピックの色を確認し，組み合わせを検討する

Step 3　塗り方と練習をする

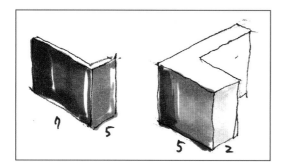

Step 4　最終仕上げをする

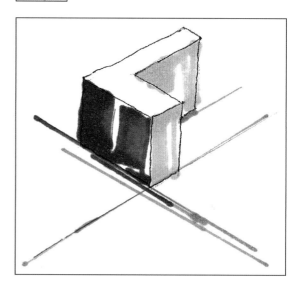

　コピックを全体に塗るのではなく，適当に白い部分を残すと，動きが出る。色は重ねると滲んでしまうので重ねないこと。

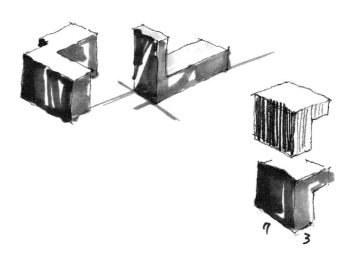

Lesson 03　コピックを使って提案された事例

コピックを使って表現した様々な事例を紹介します。表現の仕方を参考にして下さい。

03−1　京都北山地区の開発計画（学生課題として）

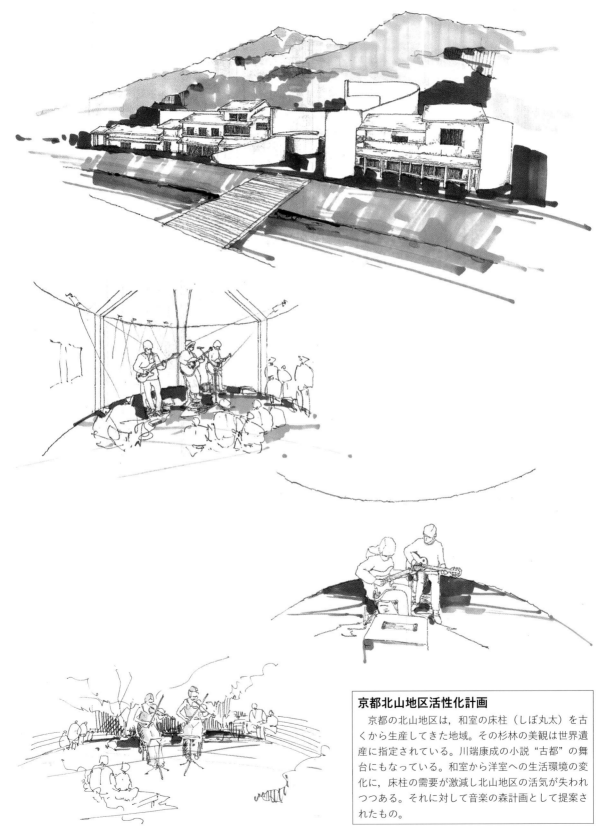

京都北山地区活性化計画
　京都の北山地区は，和室の床柱（しぼ丸太）を古くから生産してきた地域。その杉林の美観は世界遺産に指定されている。川端康成の小説 "古都" の舞台にもなっている。和室から洋室への生活環境の変化に，床柱の需要が激減し北山地区の活気が失われつつある。それに対して音楽の森計画として提案されたもの。

03-2　木質住宅コンペ提出案

　水面の描き方は，定規を使って一気に線を引くと動きが出てきます。また，濃淡の違う色を使って，デッキ下の影や水の深さの違いも表現しましょう。

　※p.111 の北山区域ではクールグレー，今回はウォームグレーと茶色のカラーコピックを使用している。

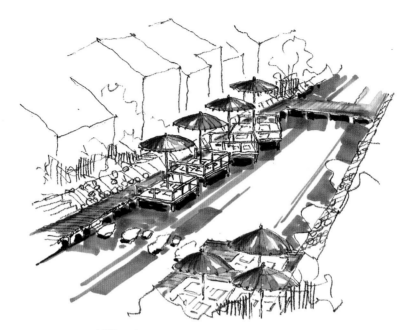

2B 鉛筆画をコピーし，コピー画にコピックで加筆したもの

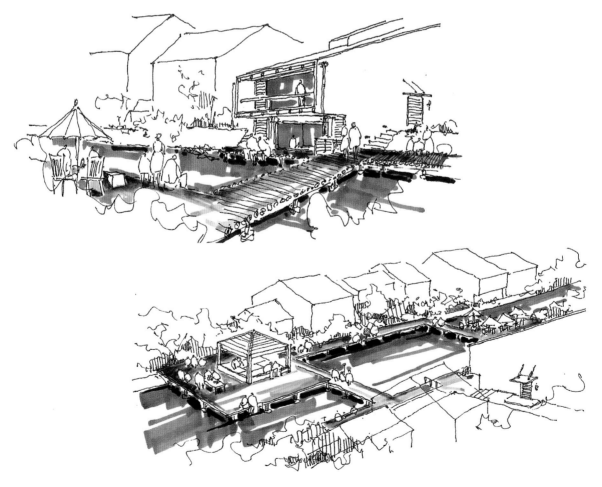

インテリアの木質空間は，色鉛筆とカラーコピックを併用して表現したものです。木部のみにカラーを使用することによって，提案者のコンセプトが明確になります。

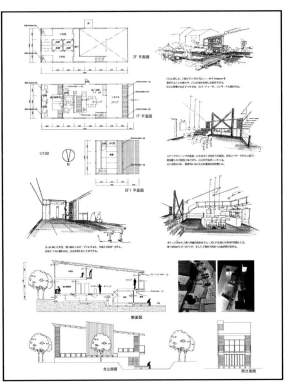

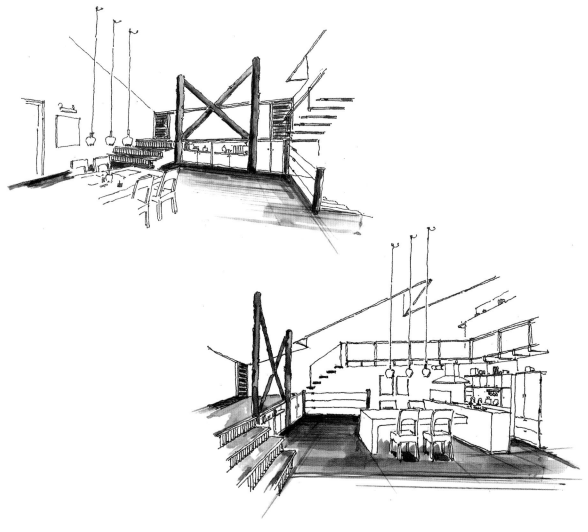

このスケッチは，サインペン・コピック・色鉛筆・水彩絵の具の4種類のメディアを使用して描かれています。

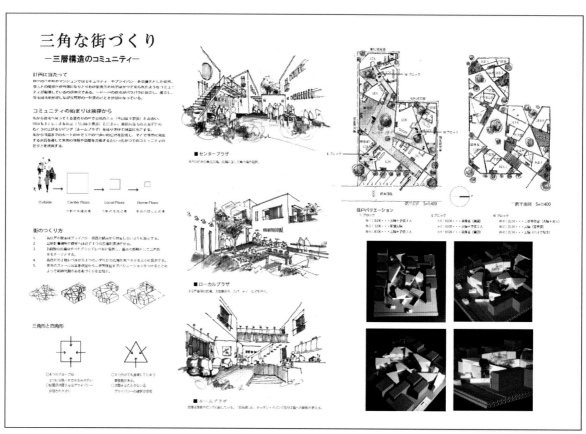

Lesson 04　演習課題：陰影表現

下記のイラストスケッチに，コピックを使って陰影などを描き入れましょう。

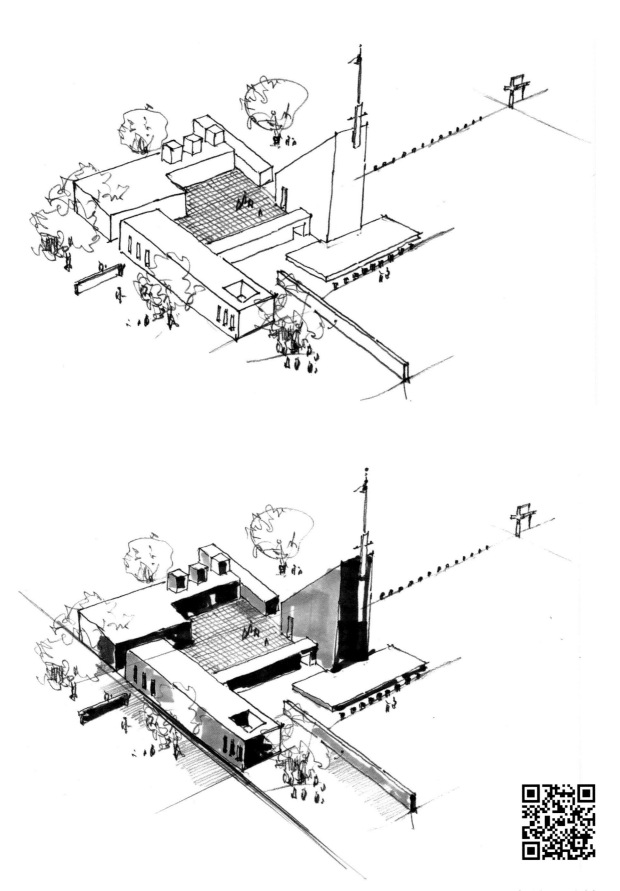

コピックで陰影をつけた例

Chapter 11
イラストタッチ
のスケッチ

Lesson 01　イラスト画

01-1　イラストについて

英語の illustration の語源は，「照らす」，「明るくする」を意味するラテン語 lustrare（さらには lux 「光」に遡り，英語 illuminate「照らす」と同一語源）です。明るくするという意味で，文字が読みやすいなどから "判りやすくなる" という意味に転用されるようになりました。その後，難解な文章をわかりやすく解説する意味で，添えられた図解や挿絵に対して用いられるようになりました。物事のエキスだけを取り出して，あるいは部分的に強調して描かれるようになって，独立した芸術分野となっています。

01-2　具象表現からイラスト画へ

落水荘のデザインは，自然の中に人工的な水平線と垂直線を強調したことと，自然石や樹木といった自然的要素との調和を目指したものといえます。イラストでは，上記のデザインコンセプトの中の "水平と垂直" にのみ光を当てて，ライトのやりたかったことを描いています。

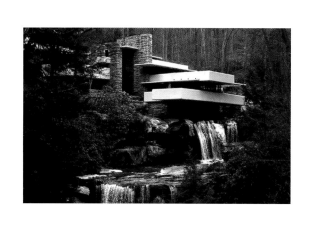

具象的スケッチ表現

大胆に建築デザイン要素を引き出して描いたイラスト

01-3 風景を切り取る

スケッチは，Chapter 1 でも述べたように，描く側の視座が大切になってきます。1枚のスケッチから，描き手が，どの部位に注目しているか，理解できるようなスケッチを目指すべきでしょう。その意味を最も追求した所にイラスト画が登場します。ある要素だけを取り出す。あるいは，不必要な要素はカットすることです。

ロンドンで信号待ちする人々の風景の中から，信号や交通標識などの都市インフラを強調して描いたイラスト画（サインペン）

イラスト画の "判りやすい" という意味がよくわかる表現になっている。

5月のロンドンを歩く人々の服装や表情を強調して描いたイラスト画
（2B 鉛筆）

Lesson 02　様々なイラスト画

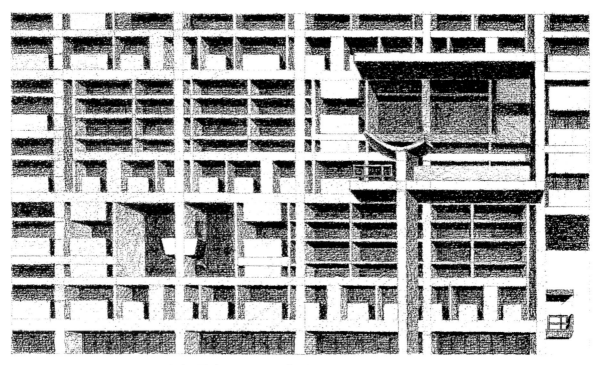

コルビジェ設計のユニテ・ダビタシオンのファサード（キャンソン紙に２Bの鉛筆で描く）

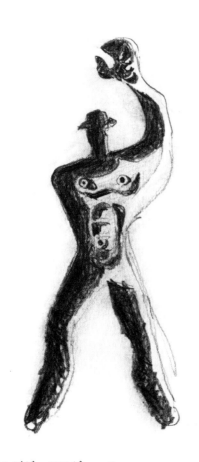

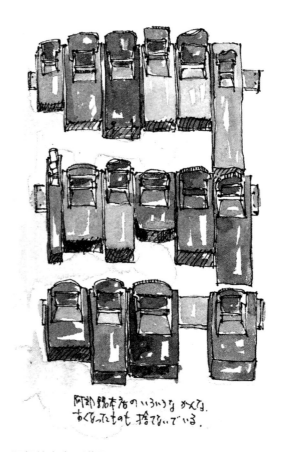

阿部銘木店のいろいろな かんな.
古くなったものも 捨てないでいる.

コルビジェのモジュール
ユンテ・ダビタシオンの壁面レリーフより（２B）

阿部銘木店の道具
（サインペンと水彩絵具）

ハイライズの隙間から見えるクライスラータワー（2B）

映画「真夜中のカーボーイ」
（サインペンと水彩絵具）

ニューヨークダウンタウン，エンパイヤステートビルが見える（サインペン）

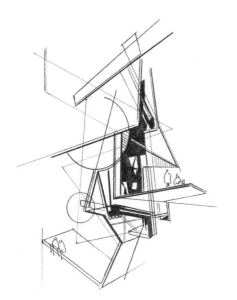

未来都市のイメージイラスト
（サインペン）

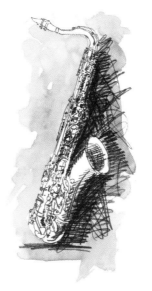

サクソフォンのイラスト
（2B鉛筆と水明水彩）

鉛筆削り「BOSTON」のイラスト
（サインペンとコピック）

ジャズシーン（サインペンで写真をトレース後，白黒反転）

Lesson 03　演習課題：イラストタッチに表現する

ストーンヘッジをイラストタッチに表現してください。

ストーンヘッジ

　ロンドンから車で 3 時間ほどの場所に位置する古代遺跡。周辺は一面の牧草地で，遠くから望むことができるが，作られた時代は，鬱蒼としたオークの森の中にひっそりとたたずむ遺跡であったことが，発掘調査で解明されている。1986 年に世界遺産に登録された。馬蹄形に配置された高さ 7ｍ ほどの巨大な門の形の組石（トリリトン）5 組を中心に，直径約 100ｍ の円形に高さ 4〜5ｍ の 30 個の立石（メンヒル）が配置されている。夏至の日に，ヒール・ストーンと呼ばれる高さ 6ｍ の玄武岩と，中心にある祭壇石を結ぶ直線上に太陽が昇ることから，設計者には天文学の高い知識があったのではないかと考えられている（ウィキペディアより）。

　このすぐ近くに，ウッドヘンジがあったことも確認されており，古代人の宗教的施設を連想させる。

※このイラストは，コピックを使用していますが，
演習のメディアは自由に選択してください。

Chapter 12
和風建築を描く

Lesson 01　和風建築の特徴

　一般に和風建築といっても，様々なジャンルに分類されます。寺院・神社・町屋・民家，その他使われている素材や表現は様々です。民家といっても，いわゆる田舎家と白川郷のようなかやぶきではずいぶん表情が異なります。桂離宮のような数寄屋建築も独立したジャンルに分類できるでしょう。

　とはいうものの，スケッチをする対象としての和風建築には，ある共通点があります。それをつかめば，ジャンルを超えてうまく描くことができます。以下に代表的な特徴を列記します。

1.　素材が自然材（木）のため，柱梁・面格子など線的要素が多い。
2.　木造ラーメン構造のためスパン長さが短く，大壁面が少ない。
3.　勾配屋根と深い軒の出のため，陰影のコントラストが強い。

　もちろん，上記の特徴から外れる建築はたくさんあります。土蔵建築などはマッシブな印象で，西洋建築的な表現で描けます。スケッチのスキルが上達してくると，ついつい細部まで描けてしまい，全体としての印象が表現できなくなるということに陥りがちです。スケッチの基本である"概略的"表現を今一度思い出してください。

Lesson 02　様々な和風建築

　様々な和風建築の特徴を押さえましょう。

02－1　寺院建築：清水寺全景

清水寺
　京都東山（音羽山）に 798 年（延暦 17 年）に創建された。その後坂上田村麻呂によって大寺へと整備されていった。行叡を元祖，延鎮を開山，田村麻呂を本願と位置づけている。
　『枕草子』や『源氏物語』にも登場する京都を代表する寺院。『枕草子』には「さわがしきもの」の例として清水観音の縁日があげられており，当時から人気の寺であった。現在の伽藍は，1633 年に再建されたもの。平成の大修理として，屋根の檜皮葺きが 4 年の歳月をかけて行われ，2020 年に完成している。

02-2　田舎家：甘春堂

　屋根は本瓦葺き，白壁でどっしりした重厚な和風建築。数寄屋建築の繊細さとは対照的。屋根などは思い切ってラフに描き，壁面に注意が行くようにするとよい。

02-3　神社建築：厳島神社

　寺院建築とは違い，日本古来の優美な曲線の屋根が特徴。屋根材も檜皮葺きで面的に表現するとよい。軒下の垂木などは，力を受けている感じを出すために多少屋根よりは濃く・太くする。

02-4　京町屋：清水産寧坂界隈

　京町屋は木柄も細く，田舎家に比べて繊細に表現します。鉛筆を多少尖らせ気味にすると，繊細さが表現できます。鉛筆の濃さもワンランク硬めにすると良い。

Lesson 03　鉛筆で和風建築を描く

　鉛筆は Chapter 2 で紹介したように，16 世紀ごろにヨーロッパで作られた筆記用具です。彼らの文化や生活を支えるのに便利な用具として開発されました。そのため，日本の文化や生活を表現する道具としては，必ずしも最適とはいえません。サインペンも同じことがいえます。したがって，和風建築を描く場合には少し工夫が必要です。

　下記にその対策と工夫を列記します。

> 1.　描くときに少し芯の先を尖らせて，繊細な線にする。
> 2.　線の筆圧は少しソフトにして，強弱は抑え気味にする。
> 3.　屋根瓦や面格子など線が多いものは，思い切ってラフに描く。
> 　　＊面格子窓や屋根瓦を線の集合体として表現するか，面的に表現するかを選択する。

　和風建築を描く場合にも，Chapter 3 で説明したように，まずは描きやすい構図を選択してスケッチしましょう。

田舎家を描く：甘春堂

甘春堂

　江戸後期，京都・豊国神社門前で京菓子を製造販売するお店として，初代 藤屋清七がスタート。現在は 7 代目で，「京都府の現代の名工（和菓子製造）」に指定されている。日本 3 大唐門（国宝）がある豊国神社御用達の京和菓子の老舗。古くから創作和菓子を手掛けて，京和菓子のデザインの幅を広げることに貢献してきた。

　余談であるが，神社の梵鐘に刻まれている「国家安康」がもとで大坂冬の陣が勃発，豊臣家が滅亡，その後豊国神社は，家康によって取り壊されたが，明治になって再建された。

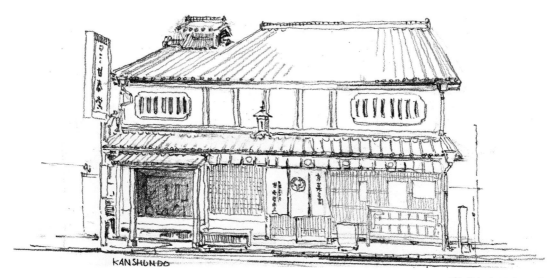

完成したスケッチ

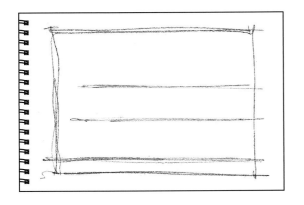

Step 1

　アウターフレームの記入と基準線の描き込みをします。基準線として，GL のほか 1・2 階の屋根ラインも記入するとプロポーションが取りやすいです。

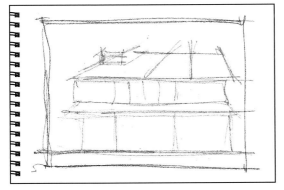

Step 2

　大まかな屋根形状や，柱位置のあたりを付けます。

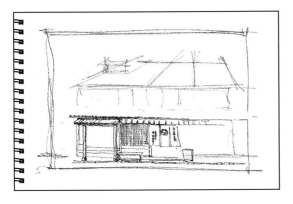

Step 3

　外観スケッチと同じように，壁面を一つ一つ描いてゆきます。まずは，1 階のファサードを描きます。

Step 4

　和風建築は面格子や屋根瓦などが多いので，感覚的に線を省略しましょう。細かく描きすぎないことです。鉛筆の濃さを多少薄く・弱く描きましょう。

Step 5

　軒下など，陰になっている部分を濃く表現して深みを出します。陰の部分は，デッサンのように鉛筆で面的に塗っても可。

Lesson 04 　和風建築の内観を描く

　外観と同じく，細かい線が多いです。この線の多さを西洋建築と同じように描くと，現実のさわやかな和室の感じになりません。注意したいのは，柱や梁（鴨居なども含む）の線と障子や畳などの線を描き分ける必要があることです。柱など空間を構成する要素を強く，障子などの補助部材を弱く描き分けましょう。鉛筆の濃さを変えるのもよいかもしれません。

銀閣寺東求堂同仁斎の内装を描く

銀閣寺東求堂同仁斎
　足利義政が慈照寺銀閣の境内に結んだ小書院。四畳半で一間付書院と半間の違い棚という質素な構え。後の時代の4畳半好みという日本文化の先駆けをなすもの。
　義満の金閣（西山文化）に対する東山文化の代表的存在で，書院茶の湯から草庵茶の湯への移行に大きな影響を与えた。障子一枚で内外の空間を仕切っており，室内にいると外部の庭との一体感を感じる。この時代に，堅引き鋸が登場し，薄い板材が可能となったため，天井や棚に使用されだし，繊細な感性が登場するきっかけとなった。その延長線上に数寄屋建築があるともいえる。

完成したスケッチ

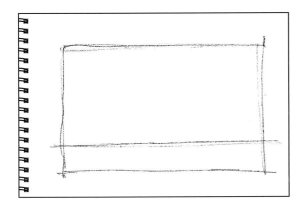

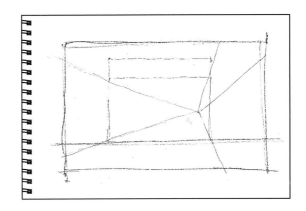

Step 1 アウタ　フレーム・インナーフレームおよび焦点を記入します。

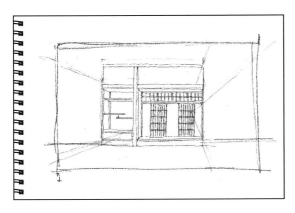

Step 2 正面の壁面を描きます。

Step 3

焦点から線を伸ばして左右・上下の建築フレームを描きます。

Step 4

障子・ふすまといったインテリアの要素を描きます。

Step 5

外部の庭・濡れ縁・畳などを描き加えます。

Lesson 05　演習課題：桂離宮を描く

写真を見ながら，桂離宮を描いてみましょう。

桂離宮

　日本最古の回遊式の庭園と数寄屋風の建築群からなる皇室関連の施設。庭園は小堀遠州との伝承があるが諸説ある。桂の地は京都の西部に位置し，平安時代から貴族の別荘地として利用されてきた。創建は諸説あるが，1976 年から行われた「昭和の大修理」によって，小書院と呼ばれる建築は 1615 年頃の創建とみられる。修学院離宮が京都を一望する借景庭園に対して，園内完結型の庭園となっている。創建以来火災にあっておらず，創建時の姿を今に伝えている。外周の垣根"桂垣"も一見してほしい。

　古書院の広縁から張り出した竹縁（月見台）から庭園を鑑賞したブルーノ・タウトは，その時の感興を「ここに繰りひろげられている美は理解を絶する美，すなわち偉大な芸術のもつ美である。すぐれた芸術品に接するとき，涙はおのずから眼に溢れる」（篠田英雄訳）と表現した 。ワルター・グロピウスも訪れている。

　丹下健三，ワルター・グロピウス，石本泰博による"桂"は必見の書籍。

完成したスケッチ

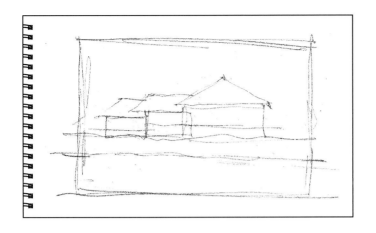

Step 1

アフターフレーム，基準線を描き，インナーフレームともいえる概略の建築フレームを描く。

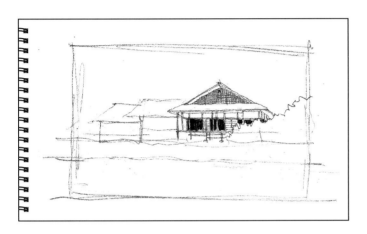

Step 2

右側のパビリオンから仕上げていく。

Step 3

インナーフレームに従って，順次建物を描いていく。

Step 4

庭や樹木など，外部関連の要素を描く。

Chapter 13
都市景観を描く

Lesson 01　都市景観を描く

　都市景観はその都市が立地する地理的条件や，経てきた歴史，宗教など様々な要素によって形作られてきたということができます。もちろん，パリのエッフェル塔のようなアイコン的存在も影響は大きいですが，そのアイコンが形成された歴史的背景にまでさかのぼって描くことが大切かもしれません。スケッチをする場合に，それらの**どこに注目して，選択的に描くかが大切**です。単にビルディングの集合体を描くのではなく，**描く側の意識を明確にして描く**べきでしょう。

PARIS　France

　紀元前250年ごろから，パリの中心のシテ島にケルト人が住み着いたことがパリの始まりといわれる。彼らのことをローマ人はParisii（パリシイ）と呼んでいた。「田舎者，乱暴者」というさげすんだ意味がこの都市の語源である。

　19世紀のナポレオン時代（第二帝政），セーヌ県知事ジョルジュ・オスマンによってパリ改造が行われ，現在の街区となった。中世以来の狭い路地を壊して道路網を一新したほか，上下水道の設置など都心部の再開発や社会基盤の整備が行われ，近代都市となった。人口1,250万人，面積17,174 km²。

Le Défense.　　　　　B. Kawabata.

伝統的市街を強調して描く

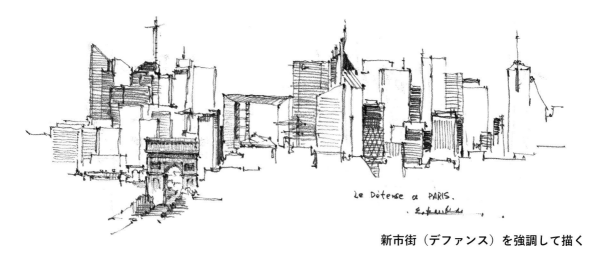

Le Défense a PARIS.
. E. Kawabata .

新市街（デファンス）を強調して描く

136

KYOTO　Japan

　浦賀にペリーが来航し，動乱の幕末を迎えた日本。その中心舞台となった京都では，15代将軍・徳川慶喜が二条城で大政奉還の意を表明し，朝廷に政権を返上。その後，明治政府が樹立され事実上の東京遷都が行われると，京都の人口は著しく減少し経済も衰退した。京都は新時代の到来とともに，「いずれ狐や狸の棲家になる」といわれるほど衰弱した。

　1,000 年の都といわれ，木造密集家屋の都市が低迷の時代から脱却し復活したのは，明治時代の多くの近代化事業といえる。疎水と水力発電所，日本初の電車，同志社大学・番組小学校などの教育機関，映画産業等，官・民それぞれの活動のおかげといえる。また，それを前向きに受け入れた京都市民の文化意識も忘れてはいけない。人口 147 万人，面積 828 km^2。

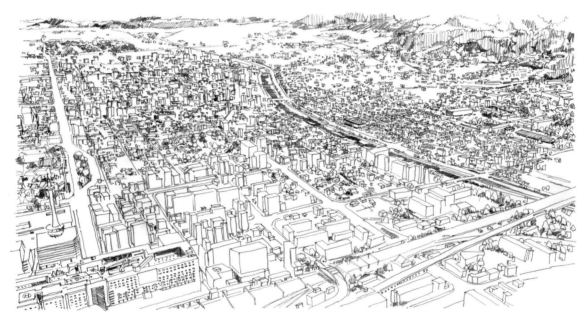

鴨川・東山・北山など全体を描く（手前は京都駅）

京都のアイコン国宝東寺五重塔を中心に描く

Lesson 02　世界の都市景観

TOKYO
Japan

　東京の前身である "江戸" という名称は河口という意味。12世紀後半にこの地方の豪族の江戸氏が品川あたりに城を築き江戸と名付けたのが始まり。その後この地域を支配した大田道灌が現在の皇居（旧江戸城）の場所に築城した。

　江戸というと "ケンカと火事" といわれるほどに火事が多く，江戸時代267年間に49回もの大火に見舞われている。特に1657年の明暦の大火では死者数10万7,000人を数えたという。当時の江戸の人口が約30万人というからそのすごさが推測される。

　1923年の関東大震災（死者10万5,000人），1945年の東京大空襲（死者11万5,000人）など，大きな災害を経験してきた都市でもある。江戸時代末期の日本の人口は約3,000万人，その当時江戸の人口は約130万人といわれている。この時代から，人口の都市集中の傾向があったことが理解できる。

　人口927万人，面積2,188km^2。

新宿高層建築群

Loudon City　E. Kuckiku

LONDON
The United Kingdom

　2,000 年前のローマ帝国によるロンディニウム創建が都市の起源である。ロンディニウム当時の街の中心部は，現在のシティにあたる地域にあった。中世以来その範囲はほぼ変わっていない。産業革命により，17 世紀ごろから人口が膨張し，その結果貧困層の増大と衛生状態の悪化，コレラの大流行・大火災の発生，それに加えてのテムズ川の氾濫など多くの都市問題を超えてきた都市である。人口 850 万人，面積 15,500 km²。

BERLIN
Germany

　ベルリンという都市が登場するのは 13 世紀にさかのぼるが，15 世紀に，プロイセンの首都として都市機能が整備されて，現在の骨格が出来上がったといっても過言ではない。ヒトラーによるベルリン都市改造計画とユダヤ人の大虐殺，東西冷戦の象徴としてのベルリン分割（1949 年），ベルリンの壁建設（1961 年）と壁の崩壊（1989 年）など歴史に翻弄されてきた都市である。それだけに，それを次世代に如何に記憶として継承するかを模索してきた建築や作品が多く残っている。ヴィルヘルム大聖堂・ホロコースト記念碑・ユダヤ博物館・ノイエヴァッヘ・国会議事堂・ベルリン現代美術館等。人口 350 万人，面積 890 km²。

Sydney Opera House   Yorn UCZON   E. Kawakita.

SYDNEY
Australia

オーストラリアには先住民アボリジニが住んでいたが，17世紀にヨーロッパ人によって発見され，その後1776年にアメリカの独立戦争に負けたイギリスがその代替地としてここを植民地化した。その後，多くの囚人が送り込まれ植民地開発に携わった。その中心地がシドニーで，発見者は有名な船長キャプテンクックである。

ランドマークとなっているオペラハウスの設計者は，デンマーク人のヨーン・ウッツォン。コンペ審査委員長のエーロ・サーリネンが落選案の中から拾い上げて最優秀作品にしたことで有名。完成は1973年。実に13年の歳月がかかった。人口520万人，面積12,370 km^2。

Ahmedabad   E. banakita.

AHMADABAD
India

インドの西部に位置し，ムンバイ（人口約2,360万人），デリー（人口約1,800万人）などと並んで政治経済活動の主要都市。日系企業も多く進出している。長くムガール帝国の支配下にあったが，1818年にイギリスの植民地となった。これがきっかけで綿業が盛んとなり，経済的に飛躍した。インドの独立に際して，1930年にマハトマ・ガンディーが行った"塩の行進"はこの都市から出発した。

高温・多湿の気候からきたバンガロースタイルはこの地方の特徴の一つ。近年の経済発展による高層アパートメントと木造低層住宅群のコントラストが都市景観の特徴となっている。人口635万人，面積466 km^2。

Venice Grand Canal.

VENEZIA
Itary

　古来はラテン語でウェネティ人の土地を意味し，ウェネティ人が住んでいたアドリア海の奥に広がる土地を，ウェネティア（Venetia）と呼んだことにちなむ。干潟に建物を建てるため，大量の丸太の杭を打ち込み，それを建物の土台とした。そのため，"ヴェネツィアを逆さまにすると森ができる"（地中に丸太が乱立するがごとく大量に打ち込まれたため）といわれている。こうした海底の泥岩まで達するように埋められた丸太の林の上に，海水の波にも強い石灰岩を敷いて土台とし，その上に比較的軽いレンガを漆喰で固めた壁と，板の床を使って，3〜4 階までに限ってビルを建てている。近年地盤の沈下とともに海水の波が基礎の上のレンガの部分を浸食し始めており，多くのビルが危ない状態になってきた。人口 26 万人，面積 415 km²。

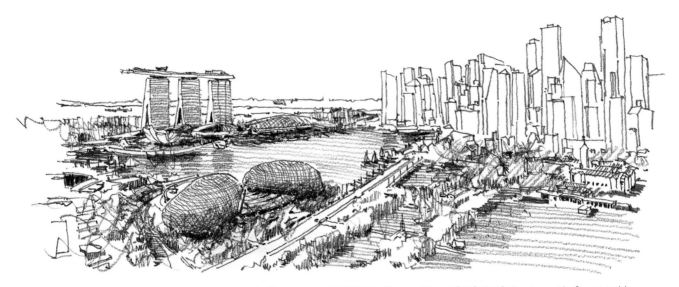

SINGAPORE

　1500 年代，マラッカ王国はポルトガルの侵略を受け，シンガプーラは植民地化される。その後オランダの支配下になり，1819 年ごろイギリスの東インド会社の書記として新たな港の場所を探していたサー・トーマス・スタンフォード・ラッフルズが支配権を獲得。その時にシンガプーラ（ライオンという意味）という名前を，より英語で呼びやすい**シンガポール**という名前に変えたのが，現在の**シンガポール**という国名の由来となっている。その後，この港町を経由して，フィリピン・中国などの東アジアへの勢力拡大の拠点となってきた。人口 560 万人，面積 721.5 km²。

EDINBURGH
The United Kingdom

　　グレートブリテン島の最北端に位置する都市。スコットランド州の州都として政治と文化の中心地となっている。旧市街と新市街の美しい街並みは，世界遺産に指定されている。1707 年まではスコットランド王国としての独立国であったが，1707 年にイングランド王国と合体した。現在 EU 離脱に反対して再び独立の機運が高まっている。

　有名なエジンバラ大学の出身者に経済学者のアダム・スミス，科学者のチャールズ・ダーウィン，小説家のコナンドイルがいる。ちなみに，俳優のショーン・コネリーもエジンバラ出身。
人口 48 万人，面積 264 km²。

HONGKONG
China

　　中国清の時代に，香港は英国の朝貢貿易の中心的港となっていたが，産業革命での余剰生産品の売り付けと麻薬の密売に対して，反旗を翻した民衆による戦争が勃発（アヘン戦争 1840 年）。それに勝利した英国は，150 年間の香港割譲を獲得した（1842 年）。租借期限を過ぎて 1997 年に中国に返還された。隣接するマカオも 1862 年にポルトガルが永久統治権をかち取っていたが，1999 年に中国に返還されている。

　香港といえば超高層ビルが林立する都市風景が有名であるが，地盤が堅牢で地震がないことがそれを可能にしている。人口 740 万人，面積 1,106 km²。

Lesson 03　演習課題：都市景観をスケッチする

　ハドソン川の対岸から撮影したニューヨークの風景。ビルが林立する典型的な都市風景です。

　この都市をどのように位置づけて描くかを考えてください。この風景以外の場所を探して描いても構いません。ちなみに，左端のクライスラータワーの右側のビルが，レンゾ・ピアノ設計のニューヨークタイムズ本社ビルです。

New York　　　　　　　　E. banakita.

NEW YORK
The United State of America

　ニューヨークは 1624 年にオランダ人の手によって交易場として築かれた町である。その当時，ここには約 5,000 人のレナペ族インディアンが住んでいた。彼らからたった 60 ギルダー（現在の換算で 1,000 ドル程度）分の物品と交換したといわれている。

　当初は「ニューアムステルダム」と呼ばれていたが，1664 年，イギリス人が町を征服し，イングランド王ジェームズ II 世（ヨーク・アルバニー公）の名を取って「ニューヨーク」と改名された。1920 年からの建設ラッシュでほぼ現在の外殻が形成された。当時ヨーロッパを中心に流行していた "アールデコ" が多いのもそのためでもある。人口は約 800 万人，面積は 790 km^2。

Chapter 14
自由学園明日館を丸ごとスケッチ

Lesson 01　自由学園明日館

01-1　概説

　"婦人之友"を創刊した羽仁吉一・羽仁もと子が，1921年（大正10年）にキリスト教精神（プロテスタント）に基づいた理想教育を実践しようと創立した学校です。1934年に東久留米市に移転（1930年，昭和5年）するまで現在の目白の地で，教育が行われました。設計はF・L・ライトと遠藤新。ライトはこの時期に帝国ホテルの設計も同時進行で行っています。1997年に重要文化財に指定されました。"真に豊かで自由な人間生活のために，国家から都市の自治権を奪回せよ"と説く情熱の書『都市の論理』を執筆した羽仁五郎氏は，羽仁吉一・羽仁もと子の娘婿に当たります。

　現在は，講演会や結婚式場などに利用され，見学も可能です。

　教育の理念である共同生活体験を大切にする意味で，建物中心部に全学年生が集まって食事ができる食堂が配置されています。ちなみに，厨房は地下に計画され，リフト（小荷物専用運搬機）によって配膳されていました。照明器具・家具あるいは外装のテラコッタもライトのデザインといわれています。

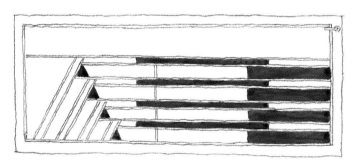

（2B鉛筆）

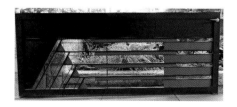

玄関入り口ゲート

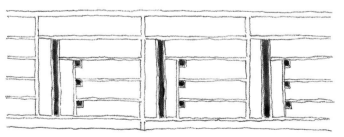

（2B鉛筆）

グランド廻りの手すり

01-2 参考写真とスケッチ例

西ウィングからの入り口

（2B 鉛筆）

東ウィングからの入り口

（2B 鉛筆）

正面ファサードステンドグラス

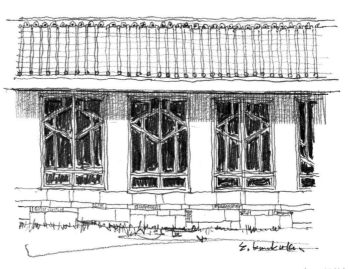

（2B 鉛筆）

食堂内観

（2B 鉛筆）

食堂内観見上げ

（2B 鉛筆）

東ウイングからのアプローチ

（2B 鉛筆）

センターロビー内観

（2 B 鉛筆）

西ウイングピロティ照明

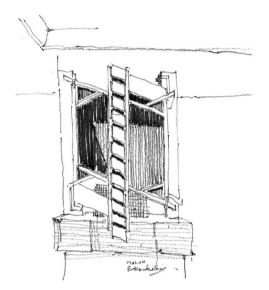

（2 B 鉛筆）

南壁面ステンドグラス

（ガッシュブラッシング）

ロビー椅子

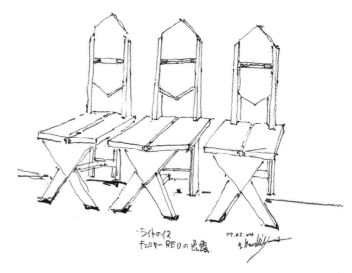

（2B 鉛筆）

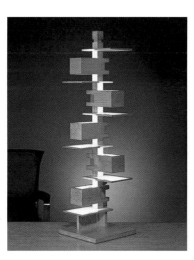

照明

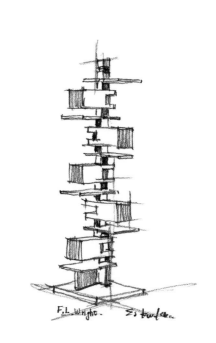

（2B 鉛筆）

帝国ホテル外装テラコッタタイル

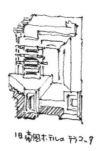
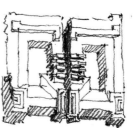

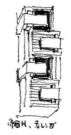

（2B 鉛筆）

150

Lesson 02　演習課題

自由学園明日館スケッチレポート

- 自由学園明日館について気に入ったシーンを数枚スケッチし，コメントしよう。
- スケッチ・コメントのテーマは，デザイン様式・作家論・建物の歴史など自由に設定して下さい。
  インターネットや書籍なども利用して，レポートを作成して下さい。

演習課題（参考）

F.L. ライトの装飾考察：

Chapter 15
東京駅を丸ごと
スケッチする

Lesson 01　東京駅

01−1　概説

　日本で初めての鉄道は新橋と横浜を結ぶ路線でした（1872年，明治5年）。その後，新橋と上野を結ぶ高架鉄道の駅（中央停車場）として建設されました。開業は1914年（大正3年）です。

　設計は辰野金吾。設計依頼は1903年，完成までに12年を要しました。設計は，当初ドイツ人建築家フランツ・バルツァーでしたが，提案されたデザインが瓦屋根に唐破風をあしらった和洋折衷のデザインであったため，西洋文化を目指していた政府から不評を買い，辰野金吾がデザインすることになりました。当時の社会気分が理解できます。

　開業の翌年には "東京ステーションホテル" が開業しています。1923年（大正23年）の関東大震災でも大きな被害はありませんでした。辰野の設計した日本銀行本館も火災の被害はあったものの，構造的には持ちこたえました。ちなみにジョサイア・コンドル設計の三菱一号館は甚大な被害にあっており，辰野が地震に対して細心の注意を払っていたことがうかがえます。

　1945年，空襲によって被災し，戦後3階部分を撤去し2階建てとして仮復興されました。2003年には重要文化財に指定されています。2007年から始められた復元工事は2012年に完成しました。工事中に東日本大震災があり，屋根材の天然スレートの産地（宮城県）が被害を受けましたが，泥まみれになったストレートを水洗いし，駅舎の屋根材として使用されました。

3階建として復興した現東京駅正面ファサード

3階に復旧前の東京駅

01−2 参考写真とスケッチ例

3階建に復興された立面ファサード（6B鉛筆）

東京中央郵便局屋上より，丸の内南口を見る（サインペン）

丸の内北口廻りのスケッチ（竹ペン）

（2 B 鉛筆）

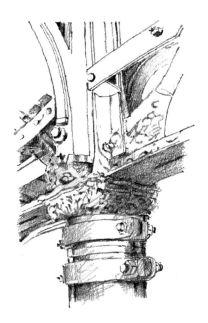

改装前のプラットホーム
の屋根（現存しない）

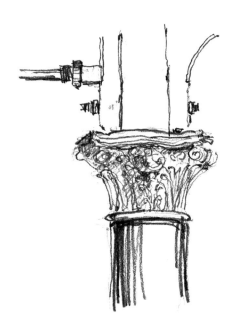

（2 B 鉛筆）

（2 B 鉛筆）

3 階建に改装され，保存
された鉄骨柱と柱頭飾り

プラットホームの屋根を
支えていた鉄骨柱（現存
しない）

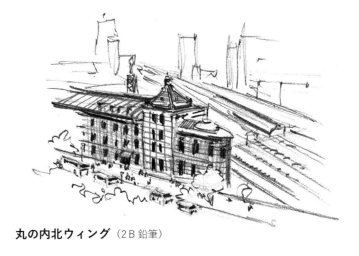

丸の内北ウィング（2B鉛筆）

丸の内北口のホール（2B鉛筆）

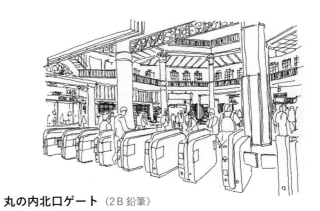

丸の内北口ゲート（2B鉛筆）

丸ビル4階より東京駅を見る（復旧前）（2B鉛筆）

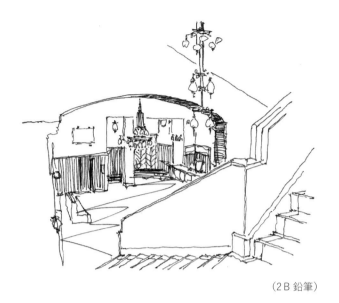

(2B 鉛筆)

旧ステーションホテル（現存しない）

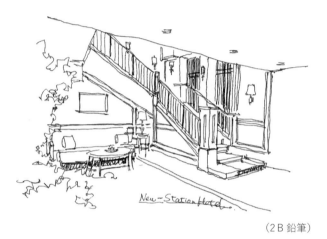

(2B 鉛筆)

新ステーションホテル

（イギリス積）

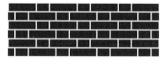

（フランス積み）

東京駅のレンガ

　1914年（大正3年）に竣工した東京駅のレンガは，明治政府が推進する，ヨーロッパ文化に追いつくための国策として，技術はヨーロッパ，生産は国内ということになり，渋沢栄一の設立した日本煉瓦製造株式会社（1888年創業，深谷市）で製造されました。ここで製造された煉瓦は，迎賓館の赤坂離宮などでも使用されています。2006年に閉鎖されるまで製造されていました。当時使用されていた"ホフマン輪窯"が近く公開される予定です（深谷市所有）。

　積み方は経済的で強度的にも利点のある"イギリス積み"。

　関東大震災でもほとんど被害がありませんでしたが，第二次世界大戦の空爆で大きな被害を受けています。今回の復元工事に使われた煉瓦はLIXIL製。帝国ホテル建設のためにフランク・ロイド・ライトの助言により設立された「帝国ホテル煉瓦製作所」は，帝国ホテル完成後封鎖されましたが，その後，LIXILの前身である伊奈製陶によってレンガの製造は引き継がれています。ちなみに1894年（明治27年）に竣工した三菱1号館の煉瓦は，国内の刑務所で製造されています（イギリス積み）。

Lesson 02　演習課題

東京駅スケッチレポート

- 東京駅について気に入ったシーンを数枚スケッチし，コメントしよう。
- スケッチ・コメントのテーマは，デザイン様式・作家論・建物の歴史など自由に設定して下さい。
　インターネットや書籍なども参考にして，レポートを作成して下さい。

演習課題（参考）

建築素材としての煉瓦

東京駅創建当時の煉瓦

JR 新橋高架橋

旧京都中央郵便局

保存原論（鈴木　博之）　2013 年　市ヶ谷出版社

　文化財としての伝統建築（社寺仏閣だけでなく近代建築も含めて）を残すことの重要性と意義を，多くの事例を交えて執筆した名著。

　ヨーロッパなどと比較して，日本では文化財の保存継承に対する国民的関心度の低さを指摘。とりわけ，建築物の保存に関しては「耐震性に問題がある」，「安全性が保障できない」，「使いにくい」などの一見説得力のある意見から解体される事例が多い。中でも近代建築はその傾向が強く，早急に保存運動を確立する必要性を説く。

　著者である鈴木博之氏は，明治生命館や日土小学校など近代建築を，文化財の対象として国の『重要文化財』指定に重要な役割を果たしてきた。文化先進国を目指す日本のスタンスを今一度見つめるために読んでおきたい書籍といえる。

あとがき

　スケッチの授業を長年行ってきましたが，多くの学生諸君の，"私は絵の才能がない"という言葉を聞いてきました。しかし，スケッチは，パソコンと同じように，テクニックさえ取得すればだれでも描けるようになります。

　そして，テクニックが増えるにしたがって，スケッチも上達します。指導を始めて数か月経過すると，学生諸君のスケッチも上達し，個性的なスケッチが出てきます。授業の最後に行う作品展は，自信に満ちた個性的な作品が並びます。描く対象物やタッチ，メディアなどもさらに増やして，スケッチのバリエーションアップを期待したいものです。

　今回の教科書は，その授業をほぼそのまままとめたものです。写真やスケッチも，授業の中で使用してきたものです。多くの方に使っていただき，さらによい教材となるよう努力を続けていきたいと考えております。

　また，今回 QR コードを使ってスケッチの進め方が見えるような工夫をしました。

　編修にあたっては，企画全体にわたって相談いただいた京都建築大学校の西岡先生，スケッチ作品を提供いただいた京都美術工芸大学の小梶先生，京都建築大学校の杏先生に感謝いたします。そして人物スケッチやイラストなどを提供いただいた Reiko・K さんにもこの場をお借りして感謝します。また，このお話をいただき企画から編修全般にわたって指導いただいた市ヶ谷出版社の澤崎様にもお礼申し上げます。

　2023 年 1 月

川北　英

追記：Chapter 9　Lesson 04（p.103）で描いた自動車の動画を添付します。下記 QR コードで参照ください。

川北 英（Ei Kawakita）

1972 年　京都工芸繊維大学建築工芸学科卒業
2004 年〜2012 年　竹中工務店プリンシパルアーキテクト
2005 年〜2016 年　（財）ギャラリーエークワッド館長
2013 年〜2016 年　京都美術工芸大学教授（学部長）
現　在　京都建築大学校（学校長），関西インテリアプランナー協会理事
　　　　京都美術工芸大学　客員教授
　　　　AA 建築設計工房代表

主な作品　佐川美術館
　　　　　神戸オリエンタルシティ C3
　　　　　スキュルチュール美術館江坂
　　　　　京料理なかむら
　　　　　武者小路起風軒
　　　　　岡山アートガーデン
　　　　　西部石油山口製油所新本社他
　　　　　東亜石油川崎製油所新本社
その他　　ニューヨーク・パリ・ソウル・東京等で個展開催
　　　　　宮島絵本 1〜5 号出版他

初学者の建築講座
建築家が使うスケッチ手法
―自己表現・実現のためのスケッチ戦略―

2023年 1 月23日	初　版　印　刷
2023年 2 月 1 日	初　版　発　行

執　筆	川　北　　　英
発 行 者	澤　崎　明　治

印　刷　中央印刷（株）
製　本　三省堂印刷

発行所　　株式会社 市ヶ谷出版社
　　　　　東京都千代田区五番町 5
　　　　　電話　03-3265-3711（代）
　　　　　FAX　03-3265-4008
　　　　　http://www.ichigayashuppan.co.jp